세계사를 바꾼 50권의 책

알아두면 쓸모 있는, 역사를 움직인 책 이야기

세계사를 바꾼 50권의 책

A SHORT HISTORY OF THE WORLD IN 50 BOOKS

대니얼 스미스 지음 | 임지연 옮김

CRETA

"책에는 지난 시대의 정신이 깃들어 있다. 육체와 물질적 실체가 꿈처럼 완전히 사라져 버린 과거의 목소리가 또렷하게 담겨 있는 것이다."

— 토머스 칼라일, 《문인으로서의 영웅The Hero as a Man of Letters》(1841)

책이란 무엇일까? 액면 그대로 규정하자면 양쪽 표지 안에 여러 장 인쇄된 종이를 넣고 하나로 고정해 묶은 물건이라고 할 수 있다. 그러면 전자 기기에서 읽는 것은 책이라고 할 수 없나? 석판이나 제물로 바쳐진 동물의 뼈에 새겨진 고대 문헌은 어떻게 분류해야 할까? 인류 문학의 역사는 종이를 한데 묶고 덮개를 덮어 고정하는 기술은 말할 것도 없고, 제지술의 역사보다도 훨씬 길고도 풍부하다. 따라서 책의 정체는 더욱 폭넓게 정의해야 한다. 즉 책이란 타인에게 읽힐 목적으로 허구의 이야기나 사실을 글로 쓴 것이다. 그 글이 기록된 재료는 중요하지 않다.

물론, 우리 인간은 책을 만드는 유일한 종이다. 책은 한 명 또는 여러 저자의 사고와 상상력을 응축해 담은 것으로, 인류 문화와 문명의 상징이라는 독특한 지위를 지니고 있다. 책은 이야기를 서로 나누고, 지식을 전파하며, 인간이라는 탁월한 종의 본질을 탐구하고, 우리가 알고 있는 세계 너머에 무엇이 있는지 상상하는 도구다. 칼라일이 주장했듯, 책에는 궁극적으로 인간다움의 의미를 탐색하는 귀중하고 포괄적인 기록이 담겨 있다. 때로는 신을 접하는 창을 제공하기도 한다. 호르헤 루이스 보르헤스 Jorge Luis Borges는 이렇게 썼다. "나는 늘 천국은 도서관이 아닐까 상상해 왔다."

이 책은 인류 역사에 큰 영향력을 미친 책 50권을 선정하여 역사적 맥락에서 살펴본다. 《길가메시 서사시》와 《일리아드》 같은 고대 문학사의 게임 체인저에서 시작해 종교 경전과 공자, 플라톤 등의 철학적 사유가 담긴 저작을 거쳐, 과학 논문들, (최초로 인쇄된 책과 같이) 역사상 '최초'인 책, 셰익스피어나 세르반테스, 조지프 헬러 등의 작품처럼 오늘날까지도 변함없이 영향을 미치는 문학 작품에 이르기까지, 여기에 담긴 책들은 창작된 당대 사회의 시대상을 담고 있으며 그 문명을 빚어내는 데 중추적인 역할을 했다.

이 책에 실린 작품은 문학적 성취를 기준으로 문학사에서 '위대한' 작품을 선정한 것이 아니다. 그래서 제인 오스틴이나 찰스

디킨스는 물론, 허먼 멜빌이나 도스토옙스키, 가르시아 마르케스는 이 책에서 찾아볼 수 없다. 셰익스피어와 세르반테스, 톨스토이는 담겨 있지만, 그들이 다른 작가들보다 '더 위대하기' 때문은 아니다. 자세히 말하자면, 바로 우리의 진보나 때로는 퇴보의 흐름을 반영하는 인류 역사의 흐름에 주안점을 두고 선정했다고 할 수 있다. 여기 선정된 책 대부분은 이러한 인류 진화와 함께했을 뿐 아니라 그 자체로 우리의 사고와 삶의 방식을 변화시켰다. 단순히 역사의 상징이 아닌, 역사의 대리인인 셈이다. 그만큼 '중요한' 작품이자, 광범위한 비평 용어를 사용하면 '위대한' 작품이라고 정의할 수 있다. 그렇지만 이 책에서는 어떤 작품이 가장 위대한 작품인지에는 관심을 두지 않는다. 그것을 알아내려는 많은 책들이 있으니, 그들에게 맡긴다.

이렇게 무언가를 선택하는 작업은 필연적으로 매우 주관적일 수밖에 없다. 그 작업은 무엇을 선택할 것인지뿐만 아니라 무엇을 배제할 것인지도 고민하는 과정이다. 50권을 선택한다는 건 오랜 세월이 만들어낸 거대한 문학의 바다에 새끼발가락을 살짝 담그는 행위나 다름없다. 그러므로 명확한 기준을 논하는 것은 어리석은 일이다. 그보다는 문학을 소재로 게임을 하고 있다고 보는 편이 낫겠다. 이 50권의 책 중 논란의 여지가 없는 것은? 어떤 책이 다른 작품보다 더 높은 지위를 차지하고 있는가? 이러한 질문에 대해 모두 나름의 답을 갖고 있다. 결국 저마다 생각이 다를 테니 모든 이들이 동의하는 것은 중요하지 않다. 더 중요한 것은 처음부터 그 질문에서 마음을 돌려 낯선 작품을 만나고, 오랜 애독서를 다시 뒤적이고, 그 과정에서 통찰력과 즐거움을 얻을 수 있다는 사실이다.

책은 인류사의 빛나는 발명품이다. 인간의 집단 정체성을 구하는, 인류 문명의 기념물이자 새로운 세계로 가는 관문이다. 우리는 아직 책을 충분히 탐색하지 못했다. 칼 세이건은 이 사실을 이렇게 우아하게 표현했다.

천년을 가로질러, 작가는 분명하면서도 조용히 당신의 머릿속에서 직접 말하고 있다. 글쓰기는 아마도 서로 전혀 알지 못했던 사람들을 한데 묶어주는 인간의 가장 위대한 발명일 것이다. 책은 시간의 족쇄를 끊는다. 책은 인간이 마법을 행할 수 있다는 증거다.

차례

2부 | **중세**

1부

고대

길가메시 서사시

• 저자 : 미상 • 창작 연대 : 기원전 3000년경

세계 최초의 문학작품으로 알려진 《길가메시 서사시》는 현대 이라크와 시리아 지역을 중심으로 번성했던 고대 수메르 문명의 왕 길가메시의 모험담을 담은 장편 서사시다(역사 기록상 기원전 3000년 초 무렵 이 지역을 통치했다는 동명의 왕도 존재한다). 현재는 전체 분량의 80~90퍼센트에 달하는 3,200행이 남아 전해진다. 기원전 3000년대 후반에 쓰인 《길가메시 서사시》는 문학사의 진보를 이루어낸 최초의 위대한 도약이자, 상상력과 독창성이 빛나는 걸작이다.

이 작품은 이야기 자체도 꽤 재미있다. 길가메시는 여신 닌순과 인간 아버지 사이에서 태어나 3분의 1은 인간이고 3분의 2는

신인 인물로, 메소포타미아 지방 남부의 반짝이는 성벽 도시 우루크의 왕이다. 거대한 덩치에 강력한 힘을 가진 그에게 감히 대적할 자는 아무도 없었다. 그는 엄청난 힘을 앞세워 우루크 남성들을 무자비하게 다스리고 여성들을 탐했으며, 결혼을 앞둔 신부와 관계를 맺을 초야권까지 행사했다. 그의 만행을 참다못한 백성들은 신에게 호소했다. 여신 아루루는 진흙으로 거인 엔키두를 빚어 그를 상대하게 했다. 엔키두가 그를 바른길로 인도하기를 바라는 마음에서였다.

엔키두는 인간의 지능을 갖추고 있었지만 본래 동물이었다. 그러나 샴하트라는 신전의 창녀*와 오랫동안 쉬지 않고 성관계를 맺은 뒤 (판본에 따라 조금 다르지만 성교가 일주일, 또는 2주에 걸쳐 계속되었다고 한다) 엔키두는 동물성을 벗고 완전한 인간이 되었다. 그리고 사실상 원래 속해 있던 세계에서 쫓겨나 새롭고 훨씬 더 복잡한 인간 세계로 나아갔다. 새로이 도덕성을 갖추게 된 엔키두는 길가메시의 악행을 벌하고자 그에게 도전했다. 그들은 격렬한 육탄전을 벌이며 겨룬 끝에 결국에는 친구가 되어 모험의 여정을 떠났다.

승부를 겨루고 얼마 지나지 않아 길가메시와 엔키두는 함께

---

* 고대에는 현대의 매춘부와는 다른 개념으로, 성교를 통해 신과 접하는 의식을 치르는 여성 신관을 의미했다.

삼나무 숲으로 향했다. 그리고 계략을 써서 숲을 지키는 무시무시한 괴물 훔바바를 죽이고 숲의 신성한 나무들을 베었다. 이후 길가메시에게 여신 이슈타르가 구애의 손길을 내밀지만, 그는 냉정히 거절했다. 그에게서 몇 번이나 거절당하고 모욕감을 느낀 여신은 끔찍한 복수를 계획했다. 바로 '하늘의 황소'를 지상에 풀어놓은 것이다. 그러나 길가메시는 엔키두와 힘을 합쳐 그 황소를 죽이는 데 성공했다. 훔바바에 이어 황소까지 죽자 신들은 불같이 분노했고, 그리하여 엔키두에게 벌을 내려 12일 동안 병석에서 시름시름 앓다 죽음에 이르게 했다.

친구의 죽음에 큰 충격을 받은 길가메시는 그와 같은 운명을 겪지 않으리라 결심하고 대홍수로부터 살아남은 유일한 인간들로부터 영생의 비법을 배우러 찾아간다. 그들을 찾아가기까지의 여정은 길고도 험난했다. 하지만 그 과정에서 죽음이 피할 수 없는 필연임을 깨달은 길가메시는 (명확히 언급되지는 않았지만) 노쇠하여 죽음을 맞이하고, 우루크 백성들이 통치자의 죽음을 애도하는 것으로 이야기는 끝을 맺는다.

《길가메시 서사시》에는 고전 영웅 서사시의 주요 소재가 되는 여러 비유가 내포되어 있는데, 호메로스의 《일리아드》(특히 파트로클로스에게서 엔키두의 향기가 느껴진다)와 《오디세이》의 원형으로 볼 수 있다. 또한 많은 학자가 《길가메시 서사시》와 성경에 상당한 유사점이 있다고 주장한다.

　신이 진흙으로 빚어 만든 남성 엔키두가 샴하트의 '유혹에 넘어가' 본래 살던 곳에서 '추방'되었다는 이야기는 아담과 이브가 에덴동산에서 추방된 이야기와 매우 유사하다. 더욱 놀라운 사실은 길가메시가 영생의 비밀을 찾아 우트나피쉬팀 부부를 방문한 부분이다. 이 에피소드에서 우트나피쉬팀은 엔릴 신이 타락한 인간을 벌하려 어떻게 세상에 대홍수를 일으켰는지 이야기한다. 그런데 우트나피쉬팀은 이에 앞서 다른 신으로부터 그와 가족, 그리고 모든 식물의 씨앗과 동원할 수 있는 모든 동물을 안전하게 태울 배를 준비하라는 사전 경고를 받았다. 홍수가 일어나고, 모든 인류가운데 배에 타고 있는 사람들만 살아남았다. 그들이 탄 배가 마침내 산 정상에 닿자, 우트나피쉬팀은 마른 땅을 찾기 위해 비둘기를비롯해 여러 새를 날려 보낸다. 이는 몇몇 이름이 다른 것을 제외하면 성경의 창세기에 언급된 노아의 방주 이야기와 거의 동일하다. 《길가메시 서사시》가 노아의 방주 이야기의 원형인지, 두 이야

기가 단순히 유사한 구전 설화인지는 불확실하다.

《길가메시 서사시》는 그것이 풀어내는 이야기만큼이나 문학사적으로도 매혹적인 작품이다. 본래 이 작품은 기원전 2100년경 수메르인이 쐐기문자로 채록한 연작시였는데,* 오늘날 알려진 표준 판본은 기원전 1200년~기원전 1000년경 바빌로니아인들이 12개의 점토판에 아카드어로 새긴 것이다. 그러나 고전 《길가메시 서사시》는 기원전 600년경 소실되어 한동안 역사 무대에서 사라졌다. 그런데 1850년대 영국의 고고학 탐사 팀이 오늘날 이라크 모술 근처의 고대 도시 니네베 유적지의 도서관 터에서 대량의 점토판을 발굴했다. 이 유물들은 절차에 따라 영국 박물관으로 보내졌다. 몇 년 후, 박물관은 지폐 조판공 조지 스미스에게 자원봉사를 요청한다. 그는 14세에 학업을 중단했으나 아시리아의 역사와 문화에 매료되어 독학으로 연구를 해왔는데, 해독되

---

* 당시 구전되던 이야기를 채록한 것이라서 현재 전해지는 서사시와는 구성이 달랐다.

지 못한 채 수장고에 보관되어 있던 점토판 분석을 도왔다. 그리고 1860~1870년대에 걸쳐 10여 년간 많은 점토판을 해석하여 이 서사시를 다시 세상에 내놓았다. 이 우아한 시는 저명한 작가가 아니라 열정적인 비전문가의 손에 의해 최초의 위대한 문학작품으로 다시 빛을 보게 된 것이다.

조지가 풀어낸 점토판의 의미

조지 스미스는 1876년 36세의 나이로 알레포 발굴 현장에서 사망했기에, 자신이 이루어 낸 성취가 얼마나 대단한 것인지 스스로 인식했는지는 알 수 없다. 점토판을 해독한 뒤 그가 보였던 흥분은 창세기의 내용이 사실이라는 것을 확인했다는 믿음에서 비롯된 것이다. 그는 한 남자와 그의 가족을 제외한 모든 인류가 대가를 치른 대홍수에 대한 기록을 읽고 흥분한 나머지, 자리를 박차고 일어나 박물관에 있는 자신의 방을 뛰어다녔다고 한다. 이에 대한 조지 스미스의 성서 고고학회 발표는 당시 수상인 윌리엄 글래드스톤도 청중으로 참석할 만큼 뜨거운 관심을 받았으며, 그가 찾아낸 내용은 곧 전 세계에 대서특필되었다.

02 도덕경

• 저자 : 노자 • 창작 연대 : 기원전 1000년경

도덕경道德經(참된 자연의 원리[道]와 이를 실행하는 방식[德]이라는 의미)은 고대 중국의 도가道家 철학의 핵심 경전이다. 도가사상에서는 순박하고 겸허한 삶의 방식을 따르면 우주 만물의 원리인 도와 균형을 이룰 수 있다고 주장한다. 간단히 말하면, 덕德과 스스로 그러하게 두는 것(자연自然), 인위적인 노력을 기울이지 않는 것(무위無爲) 같은 개념을 설명하면서 자연과 어우러져 평화롭게 살아가는 것을 추구한다.

　이 책의 저자로 알려진 노자에 대해서는 상당한 논란이 따른다. 기원전 6세기경 공자와 동시대를 살았다고 알려져 있지만, 일부 학자들은 그보다 2세기 뒤의 인물이라고 주장하기도 한다. 한

편으로 노자는 실존 인물이 아니며,《도덕경》은 다른 여러 작가의 시와 격언을 모아놓은 작품이라고 주장하는 학자들도 있다.

《도덕경》은 도가사상가들에게 인간이 우주 만물과 조화를 이루며 살아가는 방법에 대한 가르침을 제시한다. 도가사상은 신이라는 존재를 수용하기는 하지만 도가 철학의 본질인 우주의 기운, 즉 도를 신의 관점을 따르는 것으로 해석하는 사상이 아니다. 그보다는 도로써 만물을 연결하여 통일된 전체를 만들고, 빛과 어둠, 불과 물, 작위와 무위 같은 서로 반대되는 힘이 균형을 이루며 살아가는 삶을 추구한다. 이러한 이중성은 음양 개념에 내포되어 있다.

《도덕경》은 80여 장, 한자 5천여 자로 이루어진 비교적 짧은 서적이다. 그 핵심에는 인자함[慈], 검소함[儉], 감히 천하보다 앞서려 하지 않음[不敢爲天下先]이라는 '세 가지 보물'이 있다. 종종 짧은 표현으로 요약되는 이에 대한 다양한 가르침은 추상적이어서 명확히 파악하기는 어렵다. 특히 '무위' 개념에 대한 해석이 매우 다양한데, 보편적으로 무위는 억지로 아무 행위도 하지 않는다기보다는 인위적인 개입을 피하는 것으로 받아들인다. 즉 '무위하면 하지 못할 것이 없다[無爲而無不爲]'는 것이다. 인간의 의지가 끊임없이 작용하며 계속 변화하는 세상에서 이러한 주장은 명백한 위협까지는 아닐지라도 최소한 사회적으로 수용된 통념에 대한 도전을 의미한다. 게다가 끊임없는 변화와 부조화를 일으키는 지배층의 지나친 개입에 대한 암묵적인 비판이 이어지며 《도덕경》은 처음 등장했을 때보다 훨씬 더 급진적이고 저항적인 텍스트가 책의 지위에 오르게 되었다. 그러한 비판 의식이 고스란히 드러난 구절이 이것이다. "가장 뛰어난 통치자는 자신이 존재한다는 것을 백성이 알지 못하게 하는 사람이다."

노자가 《도덕경》의 저자라고 최초로 언급된 유의미한 역사 기록은 기원전 2세기에서 기원전 1세기 사이에 활약한 역사가 사마천의 저서에서 발견된다. 노자는 사관史官이거나 왕실의 장서 관리관이었다는 의견이 있다. 한편으로 그는 환생을 거듭하며 수백 년을 살아온 인물이며, '노자'는 환생 과정 중 가장 최근 인물이라는 주장도 있다. 이렇게 여러 견해가 분분한 만큼, 그가 과연 실존 인물인지 파악하는 것도 쉽지 않다. 최근에는 《도덕경》이 일종의 '모음집'이라는 견해가 힘을 얻고 있다. 기원전 1000년대 후반에 수 세기에 걸쳐 편집되고 다듬어진 것으로 추정하는 것이다.

1993년 후베이성 한 무덤에서 《도덕경》의 몇 구절이 쓰여 있는 죽간이 발견되었다. 이는 기원전 3세기 초의 것으로, 현존하는 가장 오래된 《도덕경》 문헌이다. 여기서 다룬 후기 판본들은 죽간, 비단, 종이 등에 다양하게 씌어 있으며, 《도덕경》이라는 명칭은 기원전 202년부터 기원후 220년까지 이어진 한나라 시대에 등장했다. 도가사상은 이후 수 세기에 걸쳐 불교 신앙을 비롯해 유가, 법가(엄격한 법과 질서 체계에 기반한 강력한 정부를 추구하는 사상)

와 경쟁하면서 중국인의 삶에 중요한 철학 사조로 자리 잡았다. 이러한 철학 학파들이 서로 대립할 때도 도가사상은 그 차이를 조정하는 역할을 담당했다.

도가사상은 당나라 시기(618~702)에 꽃을 피웠고, 심지어 당나라 황제들은 노자가 자신들의 조상이라고 주장하기도 했다.* 도가는 당나라 이후 천 년 동안 중국 정신·사상계의 주요한 사상으로 지위를 유지해 왔으나, 불교나 유가사상의 영향력이 지금까지 이어지는 반면 도가는 17세기부터 영향력이 감소했다. 도가사상이 서양 철학에 제대로 소개된 것은 예수회 사제들이 라틴어로 번역한 바로 그다음 세기였으며, 최초의 영어 번역은 1868년에서야 이루어졌다. 도가는 1950년대 중국 당국이 공식적으로 종교 금지령을 내리면서 종말을 맞이한 듯 보이지만,** 중국 내에서뿐 아니라 전 세계적으로 지위를 누리고 있다. 오늘날 도가사상을 따르는 추종자는 수백만 명에 이른다. 우아하게 표현된, 자연과 조화를 이루는 삶을 추구하자는 메시지는 인류가 스스로에게 끼친 폐해를 되돌려받으면서 그 어느 때보다 널리 공명하고 있다. "천하를 제 몸처럼 아껴야 천하를 맡길 수 있다"라는 구절이 있다. 시대를 초월해 현대에도 적용되는 구절 아닌가.

● 노자의 본명은 이이(李耳)로 당나라 황실의 성인 이(李)와 같았기 때문이다.
●● 철학 사조였던 도가사상이 중국 민간신앙과 결합하여 도교로 변화한 것.

🖋장자

도가사상의 또 다른 위대한 경전은 기원전 4세기 인물인 저자의 이름을 딴 《장자莊子》다. "남화진경南華眞經"이라고도 불리며 《도덕경》의 사상과 밀접한 일화와 우화가 담겨 있는데, 많은 학자는 이 책이 도가사상에 대해 더 깊이 탐색하고 있다고 평가한다. 저자의 생각은 낡은 신발을 끈으로 묶어 다니는 남자를 통해 드러난다. 그가 남의 시선을 신경 쓰지 않고 그런 행동을 하는 이유는 물질세계가 그에게 중요하지 않기 때문이다. 또한 삶과 죽음이 자연스러운 과정이라고 받아들였기에 그는 아내의 죽음에 곡을 하지 않았다. 자신의 죽음을 앞두고도 시신을 땅 위에 두면 새가 먹을 것이며 땅 밑에 두면 벌레들이 먹을 테니 성대한 장례를 치르지 않도록 했다.

03 일리아드

• 저자 : 호메로스 • 창작 연대 : 기원전 7세기~기원전 8세기

《일리아드》는 도시국가 트로이와 그리스 연합군 사이에 벌어진 트로이 전쟁을 다룬 고대 그리스 시대의 서사시로, 총 24권 15,693행으로 이루어져 있다. 이 작품의 저자는 《오디세이》를 쓴 호메로스라고 널리 알려져 있는데, 이 두 작품이 고대 그리스 문학이 뿌리내리고 꽃 피우는 토대가 되었고 이후 서양 문화 전반에 걸쳐 끊임없는 영향을 미쳤다는 사실은 모두가 인정하는 사실이다. 그러나 고대의 다른 작품들과 마찬가지로 저자의 정체는 여전히 학계에서 논쟁이 되고 있다.

《일리아드》는 트로이의 왕자 파리스가 그리스의 도시국가 스파르타의 왕 메넬라오스의 아내 헬레네를 납치하면서 발발해 10

여 년간 이어진 트로이 전쟁의 마지막 해를 배경으로 한다. 헬레네가 잡혀가자 그녀를 구하기 위해 거대한 함대가 출범했는데, 수 세기 후 크리스토퍼 말로*는 "바로 이 얼굴이 수천 척의 전함을 출범시킨 것인가?"라며 그녀의 아름다움을 묘사했다. 이러한 사건이 벌어진 시대는 호메로스가 이 시를 쓰기 4백여 년 전인 청동기 시대 말기로, 역사적 진위 여부는 논쟁의 여지가 있다. 트로이라는 나라 자체가 허구의 산물이라는 견해가 오랫동안 지배적이었지만, 19세기에 발굴된 고고학적 증거에 따르면 오늘날의 튀르키예 지역에 위치한 실제 도시였을 가능성이 제기되었다. 그러나 호메로스의 전쟁 이야기가 실제 전쟁을 배경으로 했는지, 그만의 상상의 산물인지, 아니면 여러 역사적 사건을 조합한 것인지는 명확하지 않다.

이 극은 아카이아 군**의 지도자 아가멤논과 그 휘하의 위대한 전사 아킬레우스(바다의 님프 테티스와 프티아의 왕 펠레우스의 아들) 사이의 불화로 인해 벌어지는 몇 주간의 사건을 집중적으로 다룬다. 긴박하게 펼쳐지는 서사, 음모와 반전, 영웅적인 전투 장면을 담은 이 이야기에서 올림피아의 신들은 인간사에 적극 개입한다. 아킬레우스는 신들의 왕 제우스에게 도움을 청하고, 신들

● 엘리자베스 1세 시대의 영국 극작가 겸 시인.
●● 그리스 연합군.

사이의 다툼과 갈등은 분투하는 인간들의 운명을 예측할 수 없는 방향으로 몰아친다. 호메로스는 고대 그리스 세계를 지배한 신들에게 생명력을 불어넣은 최초의 인물이며, 고전 문학의 스토리텔링 방식에 본질적 변화를 가져오는 데 큰 영향을 미쳤다.

《일리아드》의 형제작인 《오디세이》는 이타카의 왕 오디세우스가 트로이 함락 후 고향으로 돌아오기까지 10여 년 동안의 여정을 그렸다. 그는 그 과정에서 부하 선원을 잃기도 하고 외눈박이 괴물 키클롭스, 선원들을 유혹해 죽음에 이르게 하는 위험한 사이렌, 식인 거인 라이스트리고네스족을 상대하는 등 수많은 위험과 좌절로 점철된 위험천만한 모험을 겪는다. 그 사이 아내와 아들은 오디세우스가 죽었으니 왕비가 과부가 되었다고 여기고 몰려온 구혼자들을 물리치며 버텼다.

이 두 작품을 관통하는 중심 주제는 인간과 신의 운명에 영향을 미치는 초월적 힘이다. 인간과 신 모두 일상에서 자신의 힘을 발휘하며 선택의 자유를 누리지만, 인생의 큰 흐름은 이미 정해져 있기에 자신의 숙명을 피하려는 노력은 헛된 도전이자 비겁하고 어리석은 행위이기도 하다는 뜻이기도 하다.

어떤 점에서는 호메로스가 이 서사시를 단독으로 썼는지의 여부는 중요하지 않다. 보다 중요한 것은 이 작품을 계기로 세계 문학의 흐름이 바뀌었으며, 처음 쓰인 지 3천 년도 더 지난 현재까지 계속해서 독자들을 매료시키고 있다는 사실이다. 그럼에도 저자의 정체를 둘러싼 논쟁은 흥미로운 미스터리이다. 두 작품 모두 비슷한 시기인 기원전 7세기에서 기원전 8세기경에 쓰였다는 설이 가장 널리 받아들여지지만, 이 두 서사시는 여러 작가가 공동 집필한 작품이라고 주장하는 학자들도 있다. 이 시기의 주된 문학적 소통 방식이 구전이었다는 점에서 《일리아드》와 《오디세이》가 구전 설화나 노래 등을 통해 전해진 여러 이야기를 한데 모아 엮은 일종의 문집이라고 주장하는 것이다. 그러나 확실한 사실은 우리가 역사적 인물로서의 호메로스에 대해 아무것도 모른다는 것이며, 그가 장님이었다는 설조차도 매우 출처가 의심스러운 허위 정보에 불과하다.

이 두 편의 서사시는 세대를 거치며 기억과 지혜를 전승하는 문제를 다루고 있다. 따라서 호메로스를 장구한 문학 유산의 기념물들을 수집하여 일관성 있는 걸작으로 재탄생시킨 인물이라고 생각하는 편이 타당할 것이다. 《일리아드》와 《오디세이》는 한 사람의 위대한 정신에서 탄생한 작품이 아니라, 문화적 시대 정신이 빚어낸 찬란한 결실이라고 볼 수 있다.

호메로스의 영향력은 당대의 변화에 그치지 않고 이후로도 계속 이어졌다. 신들의 세계에 대한 묘사를 통해 고대 그리스인들의 종교 인식이 변화했고, 그 결과 신들은 인간에게 막연한 존재가 아니라 보다 친숙한 존재로 변모했다. 여러 전투 역시 그리스 정신에 흡수되었고 전술을 비롯해 심리전에도 영향을 미쳤다.

호메로스의 서사시는 순식간에 그리스 세계의 경계를 넘어 참신한 형식의 이야기를 전파했다. 그 영향은 로마의 위대한 시인 베르길리우스와 오비디우스의 작품에서 명확히 드러난다. 특히 기원전 1세기 무렵 작품인 베르길리우스의 《아이네이스》는 《일리아드》를 도용한 것이라는 비난이 오랜 세월 제기되고 있다. 그러나 호메로스의 영향력은 이보다 훨씬 먼 후대에에까지 미쳤는데, 예를 들어 비록 달리 변주했지만 같은 소재를 다룬 《트로일러스와 크레시다》를 쓴 셰익스피어에게까지 닿았다. 나아가 현대의 걸작 영화 시리즈 〈스타워즈〉 역시 호메로스의 서사시에서 큰 영향을 받았다는 주장도 있다.

《일리아드》는 극적인 서사와 매혹적인 표현, 독자에게 던지는 실존적 질문까지, 모든 면에서 서사시의 전형이 되는 작품이다. 1세기 무렵 비평가 롱기누스가 "호메로스는 《일리아드》에서 신들에게 부상과 갈등, 복수와 눈물, 투옥 등 온갖 수난을 겪게 함으로써 신들과 인간을 같은 존재로 만드는 데 최선을 다했다"라고 평했듯, 이 작품은 세상을 다른 시각으로 보게 한다. 《일리아드》는 독자에게 재미를 주는 오락거리, 심지어 막장 드라마처럼 보일 수도 있다. 물론 이 또한 장점이지만, 가장 큰 장점은 예상을 뛰어넘는 방식으로 독자의 집중도를 높여 인간으로서 존재의 의미와 세상에서 차지하는 위치에 대한 이해를 높인다는 점이다. 이는 깊이나 탁월함에서 모두 호메로스 이전 시대의 어느 누구도 이루어내지 못한 성취이다.

트로이의 목마

《오디세이》에서는 수세대에 걸쳐 독자들의 상상력을 사로잡은 이 군사 전술에 대해 간략히 언급하는 데 그치지만 베르길리우스의 《아이네이스》에서는 그 장면을 더 자세히 재현한다. 트로이의 목마는 그리스군이 만든 거대한 목마로, 그리스군이 철수한 뒤 트로이군이 승리의 상징으로 성안으로 끌고 들어갔다.

트로이 사람들 그 누구도 목마 안에 그리스 군인 무리가 숨어 있으리라고는 상상하지 못했다. 일단 성안에 들어가자 그리스군은 말에서 튀어나와 성문을 열어 동료들을 불러들였다. 트로이 함락으로 이어지는 결정적 한 수였다.

04　　　　　　　이솝 우화

• 저자 : 아이소포스　• 창작 연대 : 기원전 7세기~기원전 6세기

오랜 세월, 아이들은 물론 어른들까지 짧아서 기억에 잘 남고 보통 재미있는 삽화가 곁들여진 이야기에 지혜를 담아 전하는 고대의 우화를 읽으며 자라왔다. 그 기원은 여전히 수수께끼로 남아 있지만, 이 우화들은 2천 년이 훨씬 지난 지금까지도 여전히 영향력을 자랑한다. 창작 배경은 달라도 오랜 세월 사랑받아 왔다는 사실은 종을 뛰어넘어 공유하는 윤리 의식이라는 보편성이 매력으로 작용했음을 알려준다. 그래서 '토끼와 거북이', '개미와 베짱이', '늑대와 양치기 소년' 같은 이야기들이 전 세계적으로 공감대를 얻으며 폭넓은 독자층을 확보할 수 있었던 것이다.

《이솝 우화》는 기원전 7세기부터 기원전 6세기경 그리스에

서 쓰였다는 것 외에는 확실히 알려진 사실이 없다. 저자 아이소 포스 같은 인물이 실존했는지, 만약 있었다면 그가 실제로 이 우화를 엮은 것인지도 알 수 없다. 어쩌면 그는 사실상 여러 작가가 노력하여 지어낸 많은 작품의 저자로 추정되는 인물일 뿐인지도 모른다. 이 이야기들을 '창작'했다고 할 만한 인물이 있는지, 아니면 세대에 걸쳐 끊임없이 변화하고 진화하며 구전되는 이야기를 그저 한데 모은 것인지도 수수께끼다.

　진실이 무엇이든, 우화 작가로 알려진 아이소포스라는 인물은 기원전 5세기 초에 역사가 헤로도토스가 처음 언급했으며, 동시대 아리스토파네스의 작품에도 아이소포스가 등장한다. 한편으로 플라톤은 아테네의 권위를 훼손한 죄목으로 소크라테스가 투옥되었을 때 이 우화들 일부를 시로 재구성했다고 추정했다. 수백 년 후 아이소포스의 전기를 쓴 익명의 작가는 그가 사모스섬 출신의 노예였다고 주장했다.

이 전기에 따르면 아이소포스는 선천적 언어 장애인에 추남이었지만, 현명하고 통찰력 있는 지혜를 갖추고 있어 점차 그리스 전역에서 유명세를 얻게 되었고, 그 과정에서 약간의 부도 축적했다고 한다. 그러나 델포이를 방문했을 때 주민들이 그로부터 현명한 조언을 듣고도 대가를 지불하기를 거부하자, 그는 델포이 주민들에게 욕을 퍼부었다. 분노한 주민들은 복수로 아이소포스에게 도둑이라는 혐의를 씌우고 사형 선고를 내렸다. 명백한 증거까지 마련해 놓았기에 도저히 혐의를 벗을 수 없었다. 전기는 아이소포스가 고발자들의 손에 의해, 혹은 그들로부터 도망치다 절벽 꼭대기에서 떨어지면서 절정을 맞는다. 매우 흥미진진한 이야기이지만, 진실인지 여부는 불확실하다. 오늘날 대다수 학자는 아이소포스가 상징적인 저자라는 설을 지지하며, 일반적인 우화 형식에 맞는 이야기를 만들어 낸 인물이라고 보고 있다.

특히 초기 판본은 성인 독자가 대상이었으므로 당대의 정치·사회·종교적 성찰이 담겨 있었다. 비록 플라톤이나 아리스토텔레스의 저작 같은 철학서는 아니지만, 주로 의인화된 동물들이 등장하는 이 기발한 이야기들은 진지한 주제를 전달하는 수단으로 효과를 발휘했다. 기원전 4세기, 유명한 아테네의 정치가 팔레룸의 데메트리우스는 웅변가 지망생이라면 꼭 이솝 우화를 연구해야 한다는 관점에서 이 초기 버전의 이솝 우화집을 수집했다. 이 책은 1세기경 라틴어로 번역된 후, 로마에서도 지식 계층의 필독서로 자리매김했다.

이솝 우화는 그 후 수 세기 동안 주로 성인 독자층, 특히 도덕적 비유가 풍부하게 담긴 우화를 통해 교훈을 전하려는 설교자들에게 널리 읽히며 전해졌다. 시대를 초월한 이솝 우화의 보편적 가치를 처음으로 발견한 이는 17세기 철학자 존 로크John Locke였다. 그는 이렇게 말했다. "《이솝 우화》는 아이들에게 기쁨과 즐거움을 주지만… 어른에게는 유익한 성찰의 계기를 마련해 준다. 그리고 그 기억을 평생 간직하고 산다면, 어른으로 살아가는 힘든 현실에서 혜안을 갖춰둘 걸 하고 후회하는 일은 없을 것이다."

프랑스의 루이 14세는 베르사유궁을 설계할 때 이솝 우화의 몇몇 이야기에 등장하는 동물들을 모델로 한 조각상을 포함하게 했다. 어린 아들의 교육에 도움이 되기를 바라는 마음에서였다.

이솝 우화 속 이야기들이 오랜 세월 장수할 수 있었던 비결은 바로 유연한 적응성 덕분이다. 단순한 이야기에 간결한 메시지를 담은 형식 덕분에 널리 수용되었고, 그로 인해 시대와 종교, 국경을 초월해 많은 독자에게 읽힐 수 있었다. 고대 그리스 철학자부터 중세의 이슬람 학자, 종교개혁을 이끈 수도사, 계몽주의 사상가, 빅토리아 시대의 도덕주의자, 21세기의 교육자에 이르기까지 모두 이 우화를 자신들의 목적에 맞게 활용했다.

각 이야기의 본문에 '교훈' 부분이 포함된 풍조가 생긴 것은 최근 몇 세기에 불과하다. 그렇지만 이 단순한 이야기들의 많은 부분은 수천 년 전과 마찬가지로 진화와 적응을 거치면서 오늘날까지도 중요하게 다뤄지는 가치다. 오늘날에도 우리는 행동하기 전에 생각하며, 느리지만 꾸준한 노력이 결국은 승리를 이끌고, 보이는 것이 전부가 아니라는 단순한 진리를 떠올려야 하는 세상에서 살고 있다.

1세기 무렵 아나톨리아 출신, 티아나의 아폴로니우스는 아이소포스가 썼다고 알려진 700개가 넘는 이 이야기의 단순한 위대함에 대해 이렇게 말했다.

> …가장 기본적인 요리를 잘하는 사람처럼 그는 평범한 소재를 통해 위대한 진리를 가르쳤고, 이야기를 마친 뒤에는 그런 행동을 하라거나 하지 말라는 조언을 덧붙였다. 그는 시인들보다 진실을 더 중시한 사람이었다. 시인들은 자신들이 쓴 이야기에 개연성을 부여하기 위해 폭력을 가하기도 하지만, 아이소포스는 누구나 사실이 아니라는 것을 아는 이야기를 발표하고, 그 이야기의 현실성을 내세우지 않는 방식을 통해 진실을 말했다.

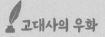

고대사의 우화

아이소포스 이전, 고대 수메르 문명에 그의 문학적 선도자 격인 이들이 있었다. 티그리스-유프라테스강 유역에 자리 잡고 최초의 도시 문명을 이룩했던 수메르인들은 기원전 1500년경 자신들만의 우화 스타일 이야기를 썼다. 이 이야기들은 동물을 의인화하여 《늑대와 양치기 소년》에서 전하는 '거짓을 말한 뒤 진실을 말하면 거짓말 취급을 받는다'는 교훈 같은 기본적인 도덕이나 세상살이의 조언을 전한다는 점에서 《이솝 우화》와 공통점을 보인다.

05 토라(모세오경)

• 저자 : 모세 • 창작 연대 : 기원전 6세기~기원전 5세기

〈토라〉는 유대교의 경전 《타나크Tanakh》[타나크는 율법서 〈토라〉 외에 예언서 〈네비임〉, 성문서 〈케투빔〉으로 이루어져 있다.] 의 첫 다섯 권을 가리킨다. 그리스어로 "펜타투크Pentateuch"라고도 불린다. 전승에 따르면 〈토라〉는 모세가 시나이산에서 신으로부터 받은 계시를 기록한 것이라고 한다. 보통 기원전 2000년대 후반기 무렵에 쓰였다고 추정한다. 하지만 여러 명의 저자가 쓴 것이며, 바빌론 유수 후 얼마 지나지 않은 기원전 5세기 무렵의 책들에 에즈라라는 저자에 대한 언급이 있긴 하지만 집필 연대는 특정할 수 없다는 주장도 있다.

히브리어로 쓰인 〈토라〉는 《타나크》와 거의 일치한다고 전

해지는 기독교 구약성경의 앞부분 다섯 권인 창세기(베레쉬트), 출애굽기(셰모트), 레위기(바이크라), 민수기(베미드바르), 신명기(드바림)로 구성되어 있다. 〈토라〉는 신의 천지창조와 인간의 타락*으로 시작해, 파라오 치하에서 노예 생활로 고통받던 이스라엘 백성이 이집트를 탈출하고, 모세가 시나이산에서 하느님으로부터 소명을 받고 하느님과 유대 백성 사이의 계약을 맺은 뒤, 광야에서 40년을 보내고 약속의 땅인 가나안 입성을 앞두고 죽음을 맞이하는 데서 끝난다.

　〈토라〉는 유대인의 역사 이야기인 동시에 종교의식, 사회생활의 규칙, 도덕적 규범이 다섯 권에 걸쳐 6백여 개의 계명으로 정리된 하느님의 율법에 대한 안내서다. 여기서 다루는 내용의 범위에서 알 수 있듯, 〈토라〉는 단순한 종교적 규범집이 아니라 유대인에게는 삶의 중심축 역할을 한다. 예배 의식에서는 손으로 필사한 두루마리 세퍼 토라Sefer Torah가 사용되지만, 연구나 개인적으로 읽을 때는 대부분 책 형태로 된 것을 사용한다. 월요일, 수요일, 안식일(토요일)을 비롯해 연중 여러 성일聖日에 유대교 회당(시나고그)에서 낭독되며, 9월이나 10월의 장막절**부터 시작해 1년에 걸쳐 〈토라〉 전권을 순서대로 읽어간다.

● 아담의 타락. 인간의 원죄를 상징함.
●● 초막절이라고도 하며 이집트를 탈출한 이스라엘 사람들이 40여 년간 광야에서 장막을 치고 살았던 역사를 기념하는 명절로, 추석에 해당한다.

신성한 지위를 차지하는 만큼, 〈토라〉의 제작과 취급에도 수많은 규칙이 따른다. 〈토라〉의 초기 판본은 파피루스에 쓰였지만, 예배에 사용되는 것 대부분은 코셔kosher* 동물 가죽(주로 소가죽)에 쓴 것이다. 세퍼 〈토라〉의 본문은 완벽한 히브리어로 쓰여야 하며 각 단어의 발음 기호가 쓰여서는 안 된다. 따라서 신자들은 〈토라〉를 암송하기에 앞서 본문에 대한 사전지식을 갖추어야 한다. (훗날 하나의 두루마리에 합쳐졌지만) 양피지의 각 페이지는 42행, 〈토라〉 전체는 30만 4805자로 구성되어 있다. 필경사가 본문을 필사하다 한 번이라도 실수했을 경우에는 처음부터 다시 써야 한다.

완성된 〈토라〉는 궤(회당 앞쪽의 선반 같은 곳으로 커튼 뒤에 가려져 있음)에 보관하고, 이를 읽을 때면 독서대(비마)에 놓아두었다가 독서자가 모두가 볼 수 있도록 머리 위로 들어올린다. 각각의 〈토라〉는 신성한 경전의 사본이 아니라 그 자체가 성물聖物이다. 따라서 이를 실수로 떨어뜨리면 회당의 모든 신자가 40일 동안 금식을 해야 한다. 게다가 이 공예품은 유대교의 성인식 '바르 미츠바Bar Mitzvah'를 비롯하여 여러 의식에서 중요한 역할을 한다.

〈토라〉는 아브라함 계통의 3대 종교 중 가장 먼저 쓰인, 종교적 근간이 되는 문서로서 영적 지침서의 역할을 했을 뿐 아니라

● 유대교의 율법에 따라 선정하여 엄격한 절차를 거쳐 만든 음식 또는 재료 등을 말한다.

2천 년이 넘도록 유대 사회와 세계 역사의 형성에 큰 영향을 미쳤다. 기원전 1세기경 바빌론에서 태어나 헤롯왕 치하의 예루살렘에 살았던 랍비 힐렐은 이렇게 말했다.

"당신에게 싫은 일이라면, 당신의 이웃에게도 하지 말라. 이것이 〈토라〉의 가르침의 전부이며, 나머지는 덧붙인 말에 불과하다."

두루마리를 펼치며

2014년, 15세기에 제작된 〈토라〉 사본이 경매에 부쳐져 387만 달러라는 경이로운 기록으로 익명의 입찰자에게 낙찰되었다. 이 책은 1482년 1월 볼로냐에서 인쇄되었고, 경매 주최사인 크리스티 경매사에 따르면 '펜타투크 다섯 권이 모두 인쇄되었을 뿐 아니라 발성 및 영창법이 모두 표시된 최초의 작품'이다. 양피지에 인쇄된 책의 뒷면에는 16~17세기에 활동한 세 검열관의 서명이 담겨 있으며, 당시 이탈리아 도서관에 보관되어 있었다는 것이 확인되었다. 이전까지 히브리어 서적으로 경매 최고가를 기록했던 물품은 15세기 피렌체에서 제작된 화려한 장식의 기도서로, 241만 달러에 낙찰되었다.

06 손자병법

• 저자 : 손자 • 창작 연대 : 기원전 6세기~기원전 3세기

《손자병법孫子兵法》은 중국 춘추春秋시대(춘추는 기원전 722년부터 기원전 481년에 이르는 기간 중국 노나라의 역사를 기록한 역사서《춘추》에서 따와 붙은 이름)인 기원전 6세기경에 살았던 손자孫子(子는 '스승'의 의미로 존경을 담아 붙이는 접미사)가 저술했다고 알려진 최초의 병법서다. 그러나 저자의 신원에 대해서는 상당한 의문이 있으며 많은 학자들은 이 책이 그 이후 시대에 쓰였을 가능성이 높다고 생각한다. 그렇지만《손자병법》이 군사 전략 부문에서 아시아 지역을 비롯해 최근 몇 세기 동안 전 세계적으로 광범위한 영향을 미친 작품이라는 평가만큼은 반론의 여지가 없는 분명한 사실이다. 군사학 최초이자 아마도 가장 위대한 이 책에는 운동

경기와 사업은 물론이고 개인적인 자기 계발 등 여러 분야에 적용할 수 있는 수많은 교훈이 담겨 있다.

《손자병법》은 13개의 장으로 구성되는데 지형, 정보전, 공격 계획, 전투 운용, 병력 이동, 화공 등 장마다 다른 주제로 상세한 전략을 다루고 있다. 기원전 1세기 한나라의 사마천이 쓴 《사기史記》에 따르면, 기원전 500년경에 《손자병법》이라고 널리 알려진 책이 유통되었는데 제나라 출신으로서 오나라로 이주한 병법가 손무가 저자라고 전한다. 손무의 저서를 읽고 크게 감동한 오나라 왕 합려는 그를 불러 궁녀들을 대상으로 병법을 펼쳐보게 한 뒤 등용하였다. 손무와 손자의 유사점은 분명하지만, 사마천의 기록을 뒷받침하는 다른 기록이 남아 있지 않다는 점에서 일부 학자들은 《손자병법》의 실제 저자가 기원전 4세기 말, 격동의 전국시대에 활약한 손빈이라고 추측하기도 한다.

《손자병법》에서 제시하는 전략은 단순하지만 시대를 초월한 가치를 갖는다. 간단명료해 보이지만, 강력한 영향력을 발휘하는 것이다. 우리가 수천 년 동안 시도하고 시험을 거치며 깨달은 원리의 위력을, 손자라는 천재는 아주 오래전에 파악하고 정리했다. 《손자병법》이 전달하는 핵심 원칙은 바로 이것이다.

만반의 준비를 한 뒤, 내가 강하고 적이 약할 때를 골라 공격하라.

이 책에서는 '승리하기 위한 다섯 가지 조건'을 다음과 같이 제시한다. "싸울 때와 싸우지 말아야 할 때를 아는 자가 승리한다. 병력의 우열에 따른 용병법을 아는 자가 승리한다. 장수와 병사가 한마음인 군대가 승리한다. 만반의 준비를 한 뒤 준비되지 않은 적과 맞서 싸우면 승리한다. 장수의 능력이 뛰어나고 군주가 이에 간섭하지 않으면 승리한다."

《손자병법》의 수많은 가르침과 조언은 전쟁의 기본 교리로 받아들여졌다. 대표적인 격언을 살펴보자. "적을 알고 나를 알면 백 번을 싸워도 위태롭지 않으며, 적을 알지 못하고 나를 알면 한 번은 승리하고 한 번은 패배한다. 적도 모르고 나도 모른다면 매번 위태로워진다." 그 외에 자신의 명예에 기대지 말고 항상 새로운 전략을 개발하라는 가르침도 덧붙인다. "한 번 전쟁에서 승리한 방법은 반복해선 안 된다."

《손자병법》의 핵심은 전쟁을 피하는 것이 최선이라는 것이다. 따라서 직접적인 공격은 모든 외교적 시도가 무산되었을 때 시도하는 최후의 수단이어야 하며, 장수는 자원과 병력 손실을 최소화하도록 신중하게 전략을 세우고 싸움에 임해야 한다고 주장한다. 이 책이 오늘날에도 공감대를 얻는 이유다. "싸우지 않고 적을 굴복시키는 것이 최상이다."

오나라 왕 합려가 《손자병법》을 읽고 승리한 후 수많은 인물이 이 책의 지략을 따라 승리를 거두었다. 그리고 오랜 세월이 지난 1080년, 송나라 황제 신종은 이 책을 고대 중국의 대표적인 병법서를 선정한 《무경칠서武經七書》 중 하나로 채택했다. 따라서 조정 관료로 승진하기 위해서는 공자의 《논어論語》 같은 유가 경전과 함께 《무경칠서》 같은 병법서도 읽어야 했다.

《손자병법》의 명성은 중국 내에만 국한되지 않았다. 16세기 일본에서는 오늘날 야마나시현 일대의 가이甲斐국의 영주(다이묘) 다케다 신겐이 "가이의 호랑이"라는 별명으로 불리며 명장으로 명성을 떨쳤다. 그는 무자비하게 전투에 임하고 전쟁에서는 뛰어난 전략을 펼친 것으로 유명한데, 이는 《손자병법》에서 영향을 받은 것이다.

신겐의 전략은 '풍림화산風林火山'으로 요약할 수 있다. '바람, 숲, 불, 산'이라는 뜻의 이 표현은 "빠르기는 바람과 같고, 서서히 움직일 때는 숲처럼 고요하며, 공격할 때는 불처럼 맹렬하며, 움직이지 않을 때는 산처럼 진중해야 한다"라는 손자의 개념에서 유래한 것이다. 20세기에 들어서는 공산당 지도자 마오쩌둥, 베트남전에서 활약한 베트남 장군 보응우옌잡, 1991년 걸프전의 연합군 사령관 노먼 슈워츠코프 등 여러 인물이 《손자병법》을 탐독했다. 마오쩌둥은 "고대 중국의 위대한 병법가 손자의 가르침을 경시해서는 안 된다"라고 말했고, 제2차 세계대전 시기 미국의 연합군 최고 사령관 더글러스 맥아더 역시 "언제나 책상에 《손자병법》을 놓아두고 본다"라며 그 영향력을 인정했다. 미국 합참의장, 국가안보보좌관, 미국 최초의 아프리카계 국무장관 등 다양한 경력을 쌓은 콜린 파월도 《손자병법》을 중시한 사람이었다. "나는 《손자병법》을 늘 곁에 두고 읽는다. 손자의 가르침은 군인뿐만 아니라 정치인으로서도 되새길 가치가 있다."

　오늘날 손자의 가르침은 군사 전략서뿐 아니라 경영서나 웰빙 관련 서적의 도입부에 즐겨 인용된다. 또한 승부를 내는 치열한 경쟁은 생사를 가르지 않을 뿐 전쟁이나 다름없다는 점에서 스포츠계에도 폭넓은 영향력을 미친다. 2002년 월드컵에서 브라질을 우승으로 이끈 루이스 필리피 스콜라리 감독은 밤에 선수들의 숙소 문 아래로 《손자병법》에서 발췌한 구절을 적은 쪽지를 전했다. 2018년 유명한 미국 군인이자 훗날 CIA 국장 자리에 오르는 데이비드 퍼트레이어스는 《아이리시 타임스Irish Times》에 기고한 글에서 《손자병법》에 대해 다음과 같이 간단히 정의했다.

손자가 쓴 이 고전은 시적 아름다움과 실용성이 절묘하게 조화를 이룬 작품이며, 처음 쓰였던 시대와 마찬가지로 오늘날에도 적용할 수 있는 가르침을 담고 있다.

✒ 허점을 파고들어라

미식축구와 NFL 역사에 있어서 빌 벨리칙Bill Belichick보다 유명한 감독은 없을 것이다. 그는 뉴잉글랜드 패트리어츠의 감독으로 여섯 번의 슈퍼볼 우승을 이루어냈다. 그는 감독으로서 자신의 철학은 《손자병법》에 기반을 두고 있다고 공식적으로 밝혔으며, 패트리어츠의 라커룸에는 그중 한 구절이 걸려 있다. "싸우지 말고 이겨라."

그는 말한다. "기원전 수백 년에 쓰인 《손자병법》은 가르침을 줍니다. '약점을 공략하고 아군의 강점을 파악하여 활용하라.' 여기서 우리가 지켜야 할 가르침은 바로 '상대의 약점을 찾아 공격하라'는 것입니다."

07

논어

• 저자 : 공자 • 창작 연대 : 기원전 5세기~기원전 3세기 수집, 편찬

《논어論語》는 중국의 위대한 사상가 공자의 어록을 엮은 유가 경전이다. 이 책은 공자(기원전 551~479년)가 활약한 시대를 배경으로 하지만, 그의 제자들이 전국시대(기원전 475~221년)에 걸쳐 처음 편찬한 것으로 추정된다. 오늘날 우리에게 익숙한 구성으로 정리된 것은 그 후인 한나라(기원전 202년~기원후 220년) 때다. '동양의 지혜'를 상징하는 유가사상은 공적인 영역과 사적인 영역에서 모두 올바르게 행동할 것을 요구하는 행동 규율을 장려해 중국을 비롯한 범아시아 문명권에 일대 혁명을 일으켰고, 그 가르침은 오늘날에도 큰 영향력을 미치고 있다.

공자의 본명은 공구孔丘로, 기원전 551년 중국 노나라 곡부에

서 태어났다. 'Confucius'라는 명칭은 훗날 그의 공식적인 호칭이 된 공부자孔夫子(공 씨 스승님이라는 의미)를 유럽식으로 번역한 것이다. 그가 살던 시대는 그나마 존왕양이尊王攘夷의 개념이 존중되던 비교적 평온했던 춘추시대에서 격변하는 약육강식의 전국시대로 전환하는 시기였다. 그는 상당히 부유하고 명망 높은 가문 출신으로, 스무 살이 되기 전에 벼슬길에 올라 훗날 노나라의 능력 있는 외교관으로 인정받았다. 그 시기 공자는 자신의 사상을 뒷받침할 수 있는, 안전하고 도덕적이며 중앙집권화된 정부 형태를 구상했다. 그러나 노나라 조정의 권력 싸움에 휘말려 뜻을 펼치지 못한 채 기원전 497년 망명길에 올랐으며, 기원전 479년 고향 곡부로 돌아와 죽기 전까지 천하를 유랑하며 제자를 양성하는 데 그쳐야 했다. 20여 년간 유랑하며 자신의 사상을 설파했지만 생전에 결실을 맺지 못했고, 이는 후대의 몫으로 남겨졌다.

공자는 정의로운 정부를 추구하며 개인의 행위와 광범위한 사회적 선의 연관성을 강조했다. 신으로부터 권력과 덕德을 부여받는다는 전통적 사고에 맞서, 인간이 하늘의 뜻을 받들어 행하는 대리자이며 인仁을 행함으로써 도덕적 질서를 세워야 한다고 설파했다. 또한 덕은 저절로 생기는 것이 아니라 수양을 통해 얻을 수 있다고 했다. 그는 사회적 신분 고하에 상관없이 모든 인간은 덕과 인을 행할 수 있으며 이로써 사회 구조가 발전한다고 주장했다. 게다가 사리를 분별하는 지혜가 무분별한 복종보다 중요하며 권력자들이 도덕적 모범을 보여야 한다고 믿었다. 그는 "군자는 궁핍한 사람들을 구제하며 부유한 이들은 돕지 않는다"고 말했다.

　오랫동안 엄격한 신분제가 유지된 사회였다는 점에서 공자의 주장은 적잖이 선동적이었다. 그렇다고 해서 공자가 급진주의자였다고 하기는 어렵다. 사회 문제를 바라보는 그의 견해는 지극히 보수적이었다. 그는 예禮와 제사 등의 의례를 지키고 효를 실천하며, 신분 고하에 상관없이 모든 사람이 자신의 신분을 수용하고 그 안에서 자신의 능력을 최대한 발휘할 것을 주장했다. 또한 군주는 인자하고 백성은 군주에 충성해야 하며, 부모는 자녀를 사랑하고 자녀는 부모를 존경해야 하며, 부부는 서로 존중하고 공경해야 한다는 호혜적인 관계에 기초한 사회를 구상했다. 이러한 뜻을 담은 《논어》의 구절을 살펴보자.

　"젊은이는 집에서는 부모께 효도하고, 나와서는 어른을 공경하며, 행실을 신중히 하고 말을 미덥게 하며, 널리 대중을 사랑하되 인자仁者를 가까이 해야 한다. 이렇게 하고서 여력이 있다면 학문을 갈고 닦아야 한다."

　공자는 올바른 행동을 하면 올바른 대우를 받게 될 것이며, 이러한 관계가 확장됨으로써 더욱 의로운 사회가 될 것이라고 보았다. 그의 황금률, 즉 상호성의 법칙이 이 구절에서 드러난다. "내가 원치 않는 일을 다른 사람에게도 강요해서는 안 된다[己所

不欲 勿施於人]."

유가사상의 핵심은 "성誠은 사물의 시작과 끝이다. 성이 없다면 사물이 존재할 수 없다"라는 성, 즉 정성의 개념이며, 공자는 이렇게 가르쳤다.

"성하면 나타나고, 나타나면 뚜렷해지고, 더욱 뚜렷하면 밝아지고, 밝아지면 마음을 움직이게 하고, 마음이 움직이면 변화하고, 변화하면 이루어질 수 있으니, 오직 천하의 지극히 정성스러운 자만이 능히 세상의 일을 가능하게 할 수 있다[誠則形, 形則著, 著則明, 明則動, 動則變, 變則化]."

공자의 손자 자사가 썼다고 추정되는 《중용中庸》에는 성의 개념에 대해 이렇게 풀이되어 있다.

"성은 하늘의 도道이며, 성을 이루려 하는 것은 사람의 도다. 성한 자는 애써 노력하지 않아도 도에 알맞게 되며 생각하지 않아도 얻게 되어 자연스레 도에 맞게 되니, 그가 바로 성인聖人이다. 성誠해지려고 하는 자는 선善을 택하여 굳게 지키는 자다[誠者, 天之道也。誠之者, 人之道也。誠者, 不勉而中, 不思而得; 從容中道, 聖人也。誠之者, 擇善而固執之者也]."

공자는 앎과 지혜에 대해서도 관심을 보였다. "아는 것을 알고 모르는 것을 모른다고 하는 것, 이것이 바로 참된 앎智이다." 그는 교육이 자신감을 키워주고, 자신감에서 희망이 생겨나며, 그 희망이 평화를 가져온다고 생각했다. 또한 인간은 실수를 통해 배우며, 이를 고치지 않는다면 또 다른 실수를 반복할 수 있으니 바로잡아야 한다고 강조했다. 공자는 말했다.

"태어나면서부터 아는 자가 최상이고, 배워서 아는 자는 그 다음이고, 어려움을 겪은 다음에 배우는 자는 그 다음이다. 어려움을 겪고도 배우지 않으면 백성으로서 최하가 되는 것이다[生而知之者, 上也 ; 学而知之者, 次也 ; 困而学之, 又其次也。困而不学, 民斯为下矣]."

공자 사후 몇 세기 동안에 공자가 저술하거나 편찬한 일명 '오경五經(저자에 대해서는 오늘날 상당한 논란거리다)'이 중시되었다. 오경은 《시경詩經》, 《서경書經》, 《예기禮記》, 《역경易經》, 《춘추春秋》를 가리키는데, 《논어》는 오경에 대한 주석서로 활용되며 오랫동안 중요성이 덜한 부차적인 책으로 여겨졌지만, 세월이 지나면서 널리 수용되었다. 현존하는 가장 오래된 판본은 기원전 50년경에 쓰인 것으로, 1973년 후베이성, 1992년 북한 평양에서 발견되었다.

공자의 영향력은 17세기 중국에서 활동하던 예수회 선교사들이 공자의 저서를 소개하면서 유럽에까지 확대되었다. 공자를 주목한 사람 중 하나였던 볼테르는 이렇게 말했다. "공자는 어떤 기만도 행하지 않았다. 그는 선지자인 체하지 않았으며, 새로운 종교를 만들지도 않았다. 그는 사람들을 현혹하지 않았으며, 자신이 섬긴 황제에 아첨하지도 않았다." 그러나 공자사상의 영향력이 가장 큰 곳은 중국(심지어 중국 공산당 정권하에서도)은 물론 한국, 일본, 싱가포르, 베트남 등 동아시아다.

지속적인 노력

공자는 고대인의 지혜를 대표하는 철학자이지만 오늘날에도 새로운 추종자들을 만들어 내고 있다. 2009년, 현대의 저명한 유가 철학자 장칭의 제자인 저우베이천은 공자를 섬기는 종교인 공성회孔聖會를 창립했다. 중국 주요 대도시 중 하나인 선전에 첫 번째 교회가 세워졌으며, 공성회는 그로부터 6년 뒤 유교를 국교화하겠다는 궁극적인 목표를 실현하기 위해 전 국가적인 단체인 중화공성회中華孔聖會로 발전했다.

08 국가론

• 저자 : 플라톤 • 창작 연대 : 기원전 375년경

《국가론Politeia》은 스승 소크라테스, 제자 아리스토텔레스와 더불어 고대 그리스의 3대 철학자로 불리는 플라톤의 대표적인 저서다. 기원전 4세기 초에 쓰인 이 책은 이상적인 도시국가의 모델을 제시하며 무엇이 정의로운 정치체제와 정의로운 개인을 만드는지 질문을 던진다. 플라톤은 여기서 '이데아적 형상'이라는 개념을 소개하며, 실재의 본질에 대해 탐구한다. 《국가론》은 2001년 《철학자 잡지Philosophers' Magazine》에서 1천 명이 넘는 철학자와 연구자들을 대상으로 실시한 설문조사에서 역대 최고의 철학서로 뽑혔다.

플라톤은 기원전 428년경 아테네의 명망 높은 귀족 가문에

서 태어나 최고의 교육을 받았다. 본명은 '아리스토클레스'였는데 '넓다'는 의미의 "플라톤"이라는 별칭으로 불리게 되었다고 한다. 아마도 체격이 건장하고 이마가 넓거나 그의 해박한 지식을 인정한다는 의미에서 붙여진 이름으로 추정된다. 그는 아테네에서 소크라테스 문하에서 공부했으나, 기원전 399년 스승이 젊은이들을 타락시켰다는 죄명으로 처형되자 아테네를 떠났다. 그 후 몇 년간 세상을 유랑한 뒤 기원전 385년 아테네로 돌아와 그 유명한 '아카데미아'를 세워 아리스토텔레스를 비롯한 신세대 철학자들을 양성했다. 《국가론》은 아카데미아 설립 후 10여 년이 지나서 쓰인 책이다.

《국가론》은 플라톤의 스승 소크라테스와 몇몇 철학자가 소크라테스식 대화법으로 토론하는 구성이다. 소크라테스는 저서를 남기지 않았기 때문에 그의 사상은 플라톤이 쓴 많은 《대화편》을 통해서만 알 수 있다. 사실 이 《대화편》 어디에서 플라톤의 사상이 시작되고 소크라테스의 영향력이 끝나는지에 대해서는 학문적 논쟁이 계속되고 있다.

문답법은 소크라테스가 완성한 소크라테스식 대화법 또는 변증술로, 질문과 답변을 주고받으며 주제나 개념, 주장을 탐색해 나가는 귀납법의 한 형태다. 철저한 교차 점검을 통해 탐색 중인 주장이나 개념의 타당성을 철저히 타진한다. 만약 질문을 통해 그 논리가 무너진다면 주장을 철회하거나 수정해 재점검을 받는다. 따라서 대화에 참여하는 이들의 앎은 강도 높은 점검을 받고 거기서 회복하는 과정을 거치며 어떤 개념에 도달할 때까지 확장하게 된다.

플라톤의 《대화편》 중 하나를 예로 살펴보자. 소크라테스는 동료 에우티프론에게 경건함이 무엇인지 정의해 달라고 요청한다. 에우티프론이 경건함이란 신들에게 사랑받는 행위라고 주장하자, 소크라테스는 신들 역시 사랑과 증오의 대상을 두고 반목하기도 하는 존재라고 반박한다. 그러므로 어떤 행위에 대해 어떤 신들은 좋아하고 어떤 신들은 싫어할 수도 있다. 따라서 에우티프론의 정의에 따르면 어떤 행위든 경건한 동시에 불경할 수도 있다는 것이니, 터무니없는 부조리인 셈이다. 그리하여 새로운 정의 찾기가 시작된다. 소크라테스는 스스로를 사상의 탄생을 돕는 산파에 비유했다.

플라톤은 소크라테스식 대화법을 수용했지만, 사람이 지식에 도달하는 과정에 대해서는 매우 다른 생각을 갖고 있었다. 플라톤 철학의 핵심은 형상론이다. 그는 이상적인 형상의 영역이 물질세계와 별개로 존재한다고 주장했다. 그리고 인간의 영혼은 (플라톤은 영혼은 이성이 지배하고 물질적 육체는 감정이 지배한다고 생각했다) 이러한 이상적 형상이 현실에 발현되기 이전에 이 세상에 존재했고, 그러므로 우리는 그것을 인식할 수 있는 것이다. 예를 들어 우리는 이상적인 꽃이라는 개념을 선천적으로 갖고 태어나므로, 장미나 난초, 양귀비를 이러한 이상적 형태의 변형으로 인식할 수 있다. 개, 색, 산, 심지어 정의와 덕 같은 개념도 마찬가지다. 예를 들면 우리는 타인의 덕을 우리의 영혼이 인식하는 이상적인 덕의 형태와 비교하여 판단한다.

플라톤은 이상적 형상의 영역은 '실재하는' 세계인 반면, 물질세계는 이러한 형상의 그림자라고 주장했다. 바로 이것이 피타고라스가 자연에는 실재하지 않는 완벽한 삼각형을 상상해 낼 수 있는 이유다. 플라톤은《국가론》에서 '동굴 우화'를 통해 이러한 실재성에 대해 탐구한 것으로 유명하다. '동굴 우화'에서는 쇠사슬로 결박된 채 동굴에 갇혀 살아가는 사람들이 나온다. 그들은 목이 결박되어 고정되어 있기에 앞만 볼 수 있다. 그들 뒤로 불이 깜박이며 인형의 그림자가 벽면에 드리워진다. 이 죄수들은 이 그림자의 세계를 실재라고 생각하게 되는데, 플라톤은 우리도 그들처럼 그림자를 통해 세상을 인식하고 있다고 말한다. 그는 죄수가

족쇄를 끊어내고 자유로이 고개를 돌려 뒤의 횃불을 보듯, 철학자라면 이성을 통해 사물의 진정한 이상적인 형태를 인식해야 한다고 주장했다. 이러한 관점은 우리 주변의 세상을 관찰할 때 '진실'한 이상적 형상은 우리 외부가 아닌 내면에 존재하므로 내면의 추론을 우선시하는 합리주의로 철학적 사고의 방향을 바꿨다.

민주주의 체제의 아테네가 펠로폰네소스 전쟁에서 스파르타와 그 동맹국들에 충격적인 패배를 당한 배경에서 쓰인 《국가론》에서 플라톤은 철학자들이 세계와 도덕에 대한 이해와 지식이 가장 높으므로 이들이 권력을 잡아야 한다고 결론지으며 철학자 왕의 출현을 요구했다.

"철학자들이 왕으로서 통치하거나, 현재 왕이나 최고 권력자로 불리는 사람들이 진실로, 그리고 충분히 철학적으로 사고하지 못하면, 다시 말해 정치권력과 철학이 완전히 일치하지 않으면… 그 나라는 나쁜 것들이 끝나지 않으며… 어떤 나라도 공적으로나 사적으로나 번영할 수 없다."

플라톤은 50세까지 지속적인 교육을 받으며 일련의 시험을 통과한 철학자 왕이 나라를 통치하게 해야 한다고 주장했다. 그리고 공동 소유의 개념을 도입해 사적 재화를 획득하려는 유혹을 차단하고, 통치자는 부패의 잠재적인 근원을 제거하며 사회적 화합과 정의 유지를 추구하는 이상적인 사회상을 제시했다.

《국가론》 이전에 철학은 사물이나 윤리, 정치의 본질을 탐구하는 현실과 분리된 학문이었다. 그러나 플라톤의 이 걸작은 이러한 주제에 대해 심리학과 인식론(지식론) 같은 다른 학문과 연계하여 탐색하는 새로운 포괄적인 접근법을 제시했다. 《국가론》의 결론에 대해서는 여전히 반론이 제기되지만, 그 영향력은 시들지 않고 계속되고 있다. 영국의 철학자 앨프리드 노스 화이트헤드(1861~1947)는 서양 철학의 역사는 "플라톤에 대한 주석"에 불과하다는 유명한 말을 남겼다.

✒ 솔론의 후손

플라톤의 어머니 페릭티오네의 집안은 유명한 시인이자 사회 개혁가인 솔론의 후손이다. 기원전 630년에서 기원전 560년 무렵 살았던 솔론은 고대 그리스를 대표하는 저명한 철학자와 정치가를 선정한 '7현인' 중 하나다. 그는 가난한 이들을 지원하는 법을 제정하며 아테네의 민주주의 전통을 굳건히 한, 진보적이기로 유명한 정치가였으며, 애국시부터 농염한 애정시까지 폭넓은 시를 쓴 시인이기도 했다. 플라톤은 저서 《프로타고라스》에서 '우리 집안 사람'이라고 설명하며 솔론과의 연관성을 인정했다.

동물 탐구

• 저자 : 아리스토텔레스 • 창작 연대 : 기원전 350년경

아리스토텔레스는 고대 그리스를 대표하는 3대 철학자 중 하나로, 탁월한 지성을 발휘해 정치학, 윤리학, 형이상학, 논리학, 심리학, 물리학, 동물학, 수사학, 미학 등 다양한 분야에 걸쳐 여러 저작을 집필했다. 사실상 그 이후 서양에서 일어난 모든 지적 활동은 그로부터 깊은 영향을 받았다고 할 수 있다. 그중에서 대표작을 고른다는 건 헛수고일 것이다. 물론 상당수가 소실되었지만 현존하는 작품 무엇이든 그러한 자격을 얻기에 충분하기 때문이다. 그럼에도 불구하고, 《동물 탐구History of Animals》는 인류 역사 최초로 생명체에 대해 다룬 과학서이자 실증적 생물학의 토대를 마련한 획기적인 저서로 인정받는다.

아리스토텔레스는 기원전 384년 오늘날의 그리스 테살로니키에서 그리 멀지 않은 칼키디케의 스타기라에서 태어났다. 그는 마케도니아 왕실 주치의였던 아버지의 영향으로 어릴 적부터 생명체에 대한 관심을 키워갔다. 아리스토텔레스는 특권층에게만 허락된 교육을 받고 자랐으며, 17세에 아테네에 있는 플라톤의 아카데미아 학당에 입학해 처음에는 학생으로, 이후에는 교사로 20년간 머물렀다. 아카데미아의 수장인 플라톤이 연로해졌을 무렵, 모두 그가 뒤를 이을 적임자라고 생각했지만 실망스럽게도 결국 그 자리는 플라톤의 조카에게 돌아갔다. 게다가 당시 아테네를 휩쓸던 정치적 격동 속에서 반마케도니아 정서도 느껴졌다. 그리하여 그는 기원전 346년 아테네를 떠나 이오니아(에게해 연안의 현재 튀르키예 아나톨리아 지방)를 거쳐 레스보스섬으로 옮겨갔다.

레스보스섬에서 지내던 시기에 아리스토텔레스는 열정적으로 생물학과 자연과학에 대한 탐구에 몰두했다. 플라톤이 지식과 지혜는 이성의 적용에서 비롯된다고 믿은 반면, 아리스토텔레스는 자연을 탐구함으로써 깨달음을 얻을 수 있다고 확신했다. 그는 레스보스섬 육지와 바다의 토착 동식물에 대해 체계적인 연구를 시작했다. 그리하여 특정 종 전체에 대한 일반적인 결론을 도출하겠다는 목적으로 해당 종에 대한 모든 표본을 찾으려 했다. 증거를 수집하고 반복적으로 관찰하는 것을 통해 포괄적 추론에 도달하려 했던 것인데, 무려 2천 년 전에 이처럼 현대식 과학 탐구 방법을 고안한 것이다.

아리스토텔레스는 이를 바탕으로 고대 최고의 자연사, 동물학, 해양생물학 연구서인 《동물 탐구》를 썼다. 이 책은 후속작인 《동물의 부분에 대하여》, 《동물의 발생에 대하여》와 더불어 현존하는 그의 저서 4분의 1을 차지하는 생물학 도서 중 가장 널리 알려져 있다. 그가 여러 분야에 걸쳐 적용한 방법론은 근거(그리스어로 디오티dioti)를 설명하기 위해 주어진 현상(호티hoti)을 탐구하는 것이었다. 즉 동물 해부학과 생리학을 연구하여 신체 부위별 특징의 차이를 조사하고 행동 양식을 탐구하며, 동시에 무엇이 의도된 결과이며 무엇이 우연히 발생한 것인지 탐색했다.

이를 위해, 아리스토텔레스는 자연사 연구를 진보시킨 몇 가지 방법을 고안하여 사용했다. 대표적인 예가 현대에 우리가 사용하는 분류법의 기본이 되는 광범위한 계층적 분류 체계다. 그는 먼저 생물과 무생물로 구분한 뒤, 생물 유형을 동물과 식물로 나누고 다시 식물은 초본과 나무, 관목으로, 동물은 육지와 하늘, 바다 등지에 사는 종류로 나누었다. 모든 집단은 공통된 특징을 갖고 있는데, 예를 들면 조류로 분류되려면 생물이면서 날개와 깃털, 부리가 존재한다는 공통 조건을 충족해야 하는 것이다. 그가 물리적 특징만 고려해 분류한 것은 아니었다. 해당 존재를 설명하기 위해 네 가지 '근거', 즉 무엇으로 만들어졌으며, 어떤 형태인지, 어떻게 생성되었고, 그 목적(텔로스telos)은 무엇인지까지 고려했다. 또한 연구 중인 동물의 신체 구조에 대한 이해를 높이기 위해 초보적인 단계이지만 해부를 시행했다고도 하는데, 그 실험 자료는 현재 전해지지 않는다.

어떤 생물에 대해서는 선원이나 양봉업자 등 다른 사람이 관찰한 설명에 의존하기도 했기에 아리스토텔레스의 결론이 항상 옳지는 않았다. 하지만 탁월한 분석도 있다. 예를 들어 문어의 색깔 변화 현상과 메기는 암컷 대신 수컷이 알을 지킨다는 것은 매우 타당성이 낮은 학설로 치부되었지만, 현대에 들어 실증적으로 증명된 것이다. 《동물 탐구》는 인류가 생물 수백 종의 생리와 특성에 대한 지식을 넓히는 데 크게 기여했다.

무엇보다 중요한 의의는 《동물 탐구》가 이후 생물학자들이 기본으로 삼는 연구의 틀, 즉 가상의 이론이 아니라 관찰 가능한 현상을 중시하는 증거 기반의 과학적 접근법을 제시했다는 점이

다. 그로 인해 생물계에 관한 연구는 미신이나 설화가 아닌 이성적인 관찰과 분석의 결과로 정의되는 환경이 조성되었다. 이에 따라 아리스토텔레스 이후에는 자연사학자들이 자신의 생각을 주장하는 데 그치지 않고 그것을 입증하는 증거를 제시해야 했다.

아리스토텔레스의 견해는 16세기까지도 사실상 반론이 제기되지 않는 정설로 수용되어 콘라드 게스너, 폴허르 코이터, 기욤 롱델레, 울리세 알드로반디 등 동물학과 식물학계에서 널리 존경받는 유럽 각지의 16세기의 여러 학자도 그의 연구를 토대로 자신들의 연구에 매진했다. 순환계 연구로 유명한 윌리엄 하비도 발생학 분야에서 아리스토텔레스의 발견에 크게 주목한 사람이었다. 19세기 영국의 유명 자연학자인 리처드 오언 경은 아리스토텔레스의 업적을 극찬했다.

> 동물학은 아리스토텔레스의 노고에서 비롯되었으며, 그는 제우스의 머리에서 태어난 지혜의 여신 아테나처럼 태어나면서부터 훌륭하고 탁월한 인재였다고 말할 수 있다.

📝 위대한 시대

레스보스섬에서 몇 년 지낸 뒤, 아리스토텔레스는 필리포스 2세의 초청을 받고 마케도니아로 돌아갔다. 그는 마케도니아 궁정에 머물며 필리포스의 아들 알렉산드로스의 교육을 전담했다. 바로 훗날 인류 역사상 가장 위대한 제국의 건설자 중 하나인 알렉산드로스 대왕으로 불리는 인물이다. 동시에 장래 마케도니아의 왕이 되는 카산드로스와 이집트의 파라오가 되는 프톨레마이오스의 교육에도 관여했다. 그러나 아리스토텔레스는 나중에 알렉산드로스와 사이가 틀어졌는데, 알렉산드로스가 30대 초반에 사망했을 때 그 죽음에 관련되었을 것이라는 낭설이 제기될 정도였다.

10 원론

• 저자 : 유클리드 • 창작 연대 : 기원전 300년경

《원론Stoicheia》은 20세기까지 수학 원리를 가르치는 교과서 역할을 해온, 인류 역사상 가장 중요한 수학 이론서다. 이 책에서 제시한 기본 원리는 알베르트 아인슈타인이 등장할 때까지 반론이 제기되지 않는 절대 원리로 받아들여졌다. 아인슈타인의 일반 상대성 이론으로 유클리드 이론의 보편성이 반증되며 재평가되기는 했지만, 유클리드의 원리는 여전히 수학의 중요한 구성요소로 인정받는다.

유클리드라는 인물에 대해서는 그가 프톨레마이오스 1세(기원전 367~282년) 시대 이집트 알렉산드리아에서 활동했다는 것과 그보다 조금 후대의 수학자 아르키메데스에 의해 알려진 정도뿐, 거

의 알려진 바가 없다. 총 13권으로 구성된 《원론》은 다음과 같은 내용을 다루고 있다.

- 기하학('지구의 넓이를 측정함'이라는 의미의 그리스어에서 유래) : 점, 직선, 곡선, 면 사이의 관계를 비롯해 형태와 크기, 부피의 문제를 다루는 수학 분야
- 정수론 : 정수의 성질과 관계에 대해 다루는 수학 분야

유클리드는 이에 대해 수학적으로 정의하고 다양한 가정과 명제를 제시하며, 이를 완전히 근대적이고 논리적이며 과학적인 방법으로 증명하거나 반증했다.

그는 자신이 독자적으로 알아낸 개념과 이론을 제시하였을 뿐 아니라, 플라톤을 비롯해 수학자와 천문학자로 유명한 크니도스의 에우독소스 같은 그 제자들의 연구를 정리·완성했고 앞 세대의 피타고라스와 키오스의 히포크라테스*에게서도 영향을 받았다.

길이, 면적, 부피는 오랫동안 인간의 일상생활과 밀접하게 관련된 문제였다. 포도주를 거래할 때 다루는 술의 양을 측정할 수 없다면 어떻게 구매자와 판매자가 서로 신뢰하고 거래할 수 있겠는가? 전체 면적을 모르는데 어떻게 땅을 정확하게 분배할 수 있

● 고대 그리스의 수학자. 흔히 알려진 의사 히포크라테스와는 다른 인물이다.

을까? 고대의 농부와 무역상부터 현대의 컴퓨터 과학자나 로켓 설계자에 이르기까지, 기하학이 없었다면 논리가 부재한 인류의 삶은 진보하기 어려웠을 것이다.

인류는 유클리드가 나타나기 수천 년 전부터 기하학적 문제로 논쟁을 벌여왔고, 고대 이집트인과 바빌로니아인들은 수학적 해답을 찾는 데 큰 진전을 이룬 것으로 유명하다. 그보다 서쪽에서는 기원전 7세기 무렵 밀레투스의 탈레스가 수학을 이용해 해안으로부터 배까지의 거리를 계산했다. 그러나 유클리드에 의해 기하학적 지식이 일관성 있는 체계로 정리되었고, 이는 2천 년이 넘는 동안 모든 분야의 수학자들이 따르는 엄격한 기준으로 작용했다. 유클리드는 불확실성이 지배하는 영역에 있던 수학을 명확하고 확실한 학문으로 정립하는 데 결정적인 역할을 한 것이다.

평면기하학에 대한 유클리드의 연구를 살펴보자. 그는 다음과 같이 다섯 가지 공리(공준)를 들어 설명했다.

- 서로 다른 두 점이 주어졌을 때, 그 두 점을 잇는 직선을 그을 수 있다.
- 임의의 선분은 직선으로 무한히 연장할 수 있다.
- 어떤 선분이 있을 때 그 선분의 한쪽 끝점을 원의 중심으로 하여 그 선분이 반지름인 원을 그릴 수 있다.
- 모든 직각은 서로 같다.

- 임의의 직선이 두 직선과 교차할 때, 그 내각의 합이 두 직각(180도)보다 작다면 그 두 직선을 계속 연장하면 내각의 합이 두 직각보다 작은 쪽에서 교차한다.

방대한 범위를 다룬 《원론》은 유클리드가 집필을 끝낸 직후부터 그리스 문화권으로 알려지기 시작했다. 그러나 동시대의 다른 고전과 마찬가지로, 수 세기 동안 서유럽 문화권에서 소실된 채 잊혔다가 12세기 초 영국의 수도사 바스의 애덜라드가 아랍어 번역본을 라틴어로 번역하면서 다시 세상의 빛을 보게 되었다. (중세 이슬람 세계에서는 동시대 유럽에는 존재하지 않던 우마르 하이얌 같은 뛰어난 철학자들이 수학적 업적을 쌓았다.) 《원론》은 1482년 처음 출판된 이래 약 1천여 개의 판본으로 출판되어 역사상 가장 널리 배포된 교과서가 되었다. 유클리드는 니콜라우스 코페르니쿠스, 갈릴레오 갈릴레이, 요하네스 케플러, 아이작 뉴턴 등 수학과 과학계의 위대한 거인은 물론이고 토마스 홉스 같은 계몽주의 사상가나 전형적인 합리주의자 데카르트, 그 후대의 버트런드 러셀 같은 논리학자에 이르기까지 철학자들에게도 큰 영향을 미쳤다. 검증을 통해 이론을 정립하는 유클리드의 방식이 철학에 수용된 것이다. 수학자 에릭 템플 벨은 유클리드를 수소의 사지를 끈으로 옭아맨 카우보이에 비유했다. "유클리드는 카우보이가 소를 통제하는 사지 결박법을 기하학에 적용한 셈이다."

유클리드는 2천여 년 동안 기하학계에서 절대 진리를 상징했다. 그러나 그 후 아인슈타인이 비유클리드 기하학을 활용해 우주가 블랙홀의 입 주변처럼 유클리드 기하학의 공리와 다른 형태로 존재할 수 있음을 입증했다. 그러나 아인슈타인도 유클리드의 뛰어난 공헌에 대해서는 이렇게 인정했다.

인류는 처음으로 그 명제 하나하나가 의심의 여지가 없을 정도로 정확히 증명되는 기적적인 논리 체계를 목격했다. 바로 유클리드의 기하학을 통해서다. 추론의 이 위대한 승리로 인류는 이후의 성과를 이루는 지성적 자신감을 갖게 되었다. 유클리드가 당신의 젊은 열정을 타오르게 하지 못했다면, 당신은 과학 사상가의 자질을 타고나지 못했다는 뜻이다.

🖋️ 다재다능한 인재

페르시아의 우마르 하이얌(1048~1131)은 수학과 철학부터 천문학, 역사, 문학까지 여러 분야에 걸쳐 기념비적 지성의 업적을 쌓은 중세 이슬람 세계의 거인이다. 그러나 서양에서는 그보다 한참 후 그의 시집 《루바이야트》가 영어로 번역되면서 명성을 얻게 되었다. 그가 이 시집의 저자인지를 두고 논쟁이 이어지고 있지만(전문가들은 그중 일부만 그의 작품이라고 한다), 그의 탁월한 수학적 재능에 대해서는 어떤 이견도 제기되지 않는다. 그의 수많은 업적 중에는 1년의 길이를 밝혀낸 것도 있는데, 365.24219858156일이라고 놀랍도록 정확히 계산해냈다.

11 바가바드 기타

• 저자 : 브야사(추정) • 창작 연대 : 기원전 2세기경

'신의 노래'라는 뜻의 《바가바드 기타Bhagavad Gita》는 힌두교 신앙의 초석인 경전 중 하나이자 인도 철학사의 중심축인 작품이다. 이보다 더 큰 규모의 서사시 《마하라바타Mahabharata(위대한 바라타족의 서사시)》의 일부로서 총 18개 장 700절로 구성되어 있다. 《바가바드 기타》의 영향력은 인도를 넘어 다른 세계로도 전파되어, 18세기 영국 식민지배 시기에 들어서면서 서양에 널리 알려져 많은 존경을 받게 되었다. 인도의 대표적인 독립운동가인 마하트마 간디는 《바가바드 기타》를 "영적 사전"이라고 부르며 삶의 지침서로 삼았고, 인도 독립 후 초대 총리를 지낸 자와할랄 네루는 "《바가바드 기타》는 인간이라는 존재의 영적 토대를 다룬다. 우주의

영적 본질과 더 위대한 목적을 늘 염두에 두지만, 일상 속 삶의 책무와 의무를 다하게 하는 행동도 요구한다"라고 평했다.

이 시는 주인공인 왕자 아르주나와, 그의 마부이자 친구이며 안내자인 크리슈나가 주고받는 대화를 중심으로 구성되어 있다. 이야기는 카우라바 가문과 아르주나가 속한 판다바 가문 간의 왕위 투쟁을 다룬 《마하바라타》에서 갈라진 것으로, 전체 분량이 《일리아드》와 《오디세이》를 합친 것보다 7배나 더 길다. 《바가바드 기타》의 도입부에서 이 두 가문은 (현대의 하리아나와 펀자브 지방 일대인) 크룩셰트라에서 전투를 앞두고 있다. 그러나 아르주나는 망설인다. 전투에 참전한다는 것은 곧 집안 친척, 친구, 심지어 자신의 스승과도 싸워야 한다는 뜻이기 때문이다. "나는 이들을 죽이고 싶지 않다. 설령 그들이 나를 죽일지라도." 번민에 시달리던 아르주나는 크리슈나에게 조언을 구한다.

그리고 영혼의 운명, 다르마(우주의 질서를 따르는 것), 보편적 조화, 행동해야 하는 의무와 같은 주제에 대한 깊은 고찰이 이어진다. 비슈누 신의 화신임이 밝혀진 크리슈나는 아르주나에게 영혼의 불멸성을 설명하면서 그는 전사로서 싸울 의무가 있으며, 그것은 개인의 이익을 꾀하는 행위가 아니라 정의를 구현하는 것이라고 설득한다. 크리슈나는 그 과정에서 힌두교 신앙과 인도 철학의 여러 요소를 바탕으로 베다와 요가의 전통을 결합한 정신세계를 보여준다. 그는 아르주나가 전쟁에 나가는 것에 의구심을 품게 된 이유는 만물의 본질에 대한 이해가 부족하기 때문이라면서, 다르마는 사심 없는 행동으로 구현된다고 가르친다.

《바가바드 기타》는 산스크리트어로 쓰였다. 산스크리트어는 인도—유럽어족에 속하는 언어로서 교육받은 엘리트 계층만 사용할 수 있는 의식용의 언어였다. 전하는 바에 따르면 저자는 브야사라고 하는데, 전설에서는 브야사가 코끼리 머리를 한 신 '가네샤'에게 스스로 자기 상아를 부러뜨려 경문을 새기게 했다고도 한다. 한편으로는 《바가바드 기타》가 여러 저자의 손을 거친 작품이고 브야사는 상징적인 저자라는 설도 많은 학자의 지지를 받고 있다. 이러한 맥락에서 이 서사시가 언제 창작되었는지는 정확히 밝혀지지 않았지만, 기원전 5세기 이전은 아니며 대부분의 학자는 기원전 2~3세기라고 판단한다. 우아한 문장과 역동적인 배경을 갖춘 《바가바드 기타》는 기원전 2세기 중반에서 기원전 1

세기 중반 사이에 쓰인 인도 철학 경전 《우파니샤드Upanishad》보다 훨씬 사용자 친화적으로 업데이트된 경전이라고도 볼 수 있다.

서양 학자들이 《바가바드 기타》를 번역하기 시작한 것은 18세기 들어서였다. 번역된 작품은 고향 밖에서 즉각적으로 반향을 일으켰다. 19세기 스코틀랜드의 위대한 철학자이자 수필가인 토머스 칼라일도 "큰 울림을 준 책. 이 책은 내 삶에 위안과 위로를 주었다"라며 《바가바드 기타》를 칭송했다. 인도 태생의 작가 러디어드 키플링의 유명한 시 〈만약〉은 《바가바드 기타》의 중심 메시지를 증류한 작품이라고 볼 수 있다. "만약 성공과 실패를 마주했을 때, 이 둘을 사칭하는 이들을 똑같이 대할 수 있다면… 세상과 그 안의 모든 것은 너의 것이 되리니."

미국의 초월주의자 랠프 왈도 에머슨은 《바가바드 기타》가 "'여러 책 중 최고봉'이다. 이 책은 마치 제국이 우리에게 말하듯, 다른 시대와 풍토에서 살아오며 깨달음을 얻은 오랜 지성이 우리 안에 존재하는 그와 똑같은 질문에 무가치하고 사소하지 않은, 담대하고 고요하며 일관성 있는 답을 제시한다"라고 했으며, 노벨상 수상자인 헤르만 헤세는 "철학을 종교로 꽃 피운 삶의 지혜를 참으로 아름답게 표현한 계시록"이라고 했다. 올더스 헉슬리는, 모든 철학은 반복되는 특정 개념을 공유한다는 의미로 라이프니츠가 만들어낸 용어 "영원의 철학"이라는 맥락에서 《바가바드 기타》를 이해하며, "지금까지 나온 책 중 가장 명확하고 집약적으로 '영원의 철학'이 요약된 책. 그러므로 그 영속적인 가치는 인도에 국한되지 않고 모든 인류에 귀속된다"라고 평했다. 원자폭탄을 탄생시킨 '맨해튼 프로젝트'의 책임자 로버트 오펜하이머도 첫 번째 핵폭발 실험 이후 《바가바드 기타》의 구절을 인용해 소감을 밝혔다.

> 우리는 과거와 다른 세상이 펼쳐지리란 걸 알았다. 소수는 웃고 소수는 울었지만, 대부분은 침묵했다. 힌두교 경전 《바가바드 기타》의 구절이 생각난다. 비슈누는 왕자에게 해야 할 의무를 다하라고 설득하고 많은 팔을 펼쳐 자신의 위엄을 보이며 말한다. "나는 이제 죽음의 신, 세상의 파괴자가 되었다."

이 프로젝트에 관련된 우리 모두 어느 정도는 이렇게 생각했을 것이다. 그러나 마지막은 간디에게 맡겨두는 게 가장 좋을 것 같다. 그는 인도의 독립을 위해 투쟁하면서 《바가바드 기타》에서 마음의 동력을 얻었다.

> 나는 《바가바드 기타》에서 위안을 얻었다… 의심이 나를 괴롭힐 때, 실망이 내 얼굴을 응시할 때, 지평선 너머 한 줄기 빛도 보이지 않을 때면 나는 《바가바드 기타》를 펼치고 위로를 주는 구절을 찾는다. 그러면 즉시 버텨내기 힘든 슬픔의 한가운데서 미소를 짓게 된다. 내

삶이 외부의 비극으로 가득 찼지만 내게 어떤 가시적이고 지워지지 않는 흉터를 남기지 않았다면 그것은 온전히 《바가바드 기타》의 가르침 덕분이다.

무거운 경전

2019년 2월 26일에 세계 최대의 《바가바드 기타》 판본이 인도 뉴델리의 ISKCONInternational Society for Krishna Consciousness 사원에서 공개되었다. 총 670페이지, 가로 2.8미터 세로 2.9미터 크기에 무게는 무려 800킬로그램에 달한다. 바크티베단타 북 트러스트가 발행한 이 책은 이탈리아 밀라노에서 찢어지지 않으며 방수 기능이 있는 특수 종이에 인쇄되었고, 18장의 전면 삽화가 수록되어 있다. 나렌드라 모디 인도 총리는 이 책을 공식적으로 공개하면서, 《바가바드 기타》는 "인도가 세계 인류에 주는 선물"이라고 평했다.

12

요리에 대하여

• 저자 : 마르쿠스 가비우스 아피키우스 • 창작 연대 : 1세기경

출판계는 노벨상 수상자의 저서보다 유명 요리사의 요리책을 출판하는 것이 은행 계좌가 두둑해질 가능성이 높다는 상업적인 논리를 따르기도 한다. 먹는 것은 인류의 보편적인 활동 중 하나지만, 가장 맛있는 음식의 요리법을 총망라한 요리 서적은 그리 많지 않다. 요리책에 대한 갈망은 비단 현대만의 현상이 아니었다. 요리책은 수천 년간 인류와 함께하며 형식 면에서 진화를 거듭해왔다. 고대에는 요리법이 대부분 구전되었을 것으로 추정되지만, 현재까지 전해지는 가장 오래된 요리책이 있다. 바로 로마 시대에 쓰인 《요리에 대하여De re coquinaria in Latin》다.

이 책이 쓰인 정확한 시기는 여전히 수수께끼로 남아 있다. 현

존하는 가장 오래된 판본은 9세기의 것인데, 여기 실려 있는 4백여 가지의 조리법은 4~5세기에 총정리된 것으로 추정된다. 그렇지만 기본적으로는 1세기경 여러 요리사로부터 수집한 여러 조리법을 토대로 한 것으로 보인다. 그런 맥락에서 당대의 가장 유명한 미식가 마르쿠스 가비우스 아피키우스가 이 책의 유력한 저자로 여겨졌다. 사실 이 책 자체가 '아피키우스'라는 제목으로 불리기도 하지만 그가 현대의 기준처럼 직접 요리책을 썼을 가능성은 매우 낮다. 대신, 그는 아마도 요리법의 주요 출처 중 하나였을 것이다. 물론 정확히는 그가 고용한 요리사의 작품이 상당수였겠지만 말이다.

아피키우스는 1세기 전반 티베리우스 황제 치하에서 사치스러운 생활을 즐기던 부유한 상인이었다. 그는 호화로운 연회를 주최하며 유명세를 누렸고, 심지어 로마 정부로부터 돈을 받고 외국 관리들의 접대를 주관하기도 했다. 동시대인들은 이러한 행위가 로마 세계의 번영을 과시하는 것으로 여겼지만, 후대에서는 제국의 쇠퇴를 재촉한 신호로 평가한다.

아피키우스는 만찬을 준비하는 법뿐 아니라 음식에 대해 깊이 있는 지식을 가진 것으로도 유명했다. 그의 관심사는 음식 자체에 그치지 않고 재료 생산과 준비에까지 확장되었다. 이 책에 실린 요리법은 일반 가정용이 아니라, 로마 사회의 부유한 엘리트층이 고용한 전문 요리사를 위한 요리법이었다. 대플리니우스는 백과전서 《박물지》에 아키피우스가 "돈을 물 쓰듯 낭비하는 사람 중 가장 탐욕스러운 폭식가"라고 썼는데, 이로써 그의 명성은 더욱 확고해졌다. 플리니우스는 아피키우스가 암퇘지 간의 풍미를 좋게 하려고 어떻게 준비하는지 자세히 설명해 놓았다. 암퇘지에게 무화과를 잔뜩 먹인 뒤 도살 직전에 꿀을 탄 포도주를 주는 것이다. 2세기 말 테르툴리안은 이러한 아피키우스를 진정한 "요리의 수호성인"이라며 칭송했다.

《요리에 대하여》는 10장으로 구성되며, 각 장마다 부엌살림, 육류, 채소류, 콩류, 가금류, 해산물 등을 주제로 다룬다. 대부분의 요리법은 발효한 생선이나 포도 시럽으로 만든 소스가 베이스를 이룬다. 사용되는 재료의 양이나 정확한 조리 방법은 명확하게 설명되지 않고, 대부분 "다 될 때까지 조리한다"는 식으로 표현된다. 게다가 주변에서 흔히 구하기 힘든 것들을 주재료로 하는 매우 낯선 요리가 많다. 고기류의 경우 겨울잠쥐, 학, 공작, 타조 등이 자주 등장하는데, 홍학을 반쯤 익힌 뒤 서양 대파와 향신료로 만든 소스로 마무리하는 요리법도 있다. (이 책에는 복통에 대한 여러 치료법이 제시된다는 점도 주목하자.)

희귀한 재료를 찾기 위한 아피키우스의 여정은 그야말로 전설적이다. 2세기 후반에서 3세기 초반에 활약한 그리스 작가 나우크라티스의 아테나이우스는 로마에서 열린 연회에 대해 상세히 기술하여 고대 요리에 대한 귀중한 정보의 원천이 된 저서 《철학자들의 저녁 식탁Deipnosophistae》에서 아피키우스가 거대 새우를 찾아 리비아로 긴 여행을 떠났다고 기록했다. 그리고 막상 거대 새우라는 품종을 보고서는 실망해서 바닷가에는 가지도 않은 채 아쉽게도 빈손으로 캄파니아로 돌아왔다고 한다. 동시대를 산 세네카는 아피키우스가 거대 숭어 입찰전에 휘말리게 된 사건을 전한다. 세네카는 음식과 그 소비에 대한 아피키우스의 가르침이 "시대를 오염시켰다"라고 표현했다.

실제로 아피키우스의 이름은 식탐의 대명사가 되었다. 218년부터 222년까지 재위한 로마 황제 엘라가발루스(안토니우스라고도 불림)는 쾌락에 탐닉한 것으로 유명하다. 그는 아피키우스를 모방하여 낙타 발굽, 공작의 혀, 나이팅게일, 홍학의 뇌수, 앵무새 머리 같은 특이한 별미를 포식했다고 한다. 그러나 결국 시간이 지나며 아피키우스는 사치스런 생활로 재산이 바닥나고 말았다. 한정된

재원으로 살아가야 한다는 사실이 두려웠던지 그는 스스로 목숨을 끊는 길을 택했다.

《요리에 대하여》를 그가 직접 집필했는지는 알 수 없지만, 그의 이름이 새겨진 이 책은 확실히 로마 상류 사회의 생활을 들여다보는 창을 열어준다. 그리고 그보다 더 중요한 것은 책이 예술과 철학 같은 형이상학적 주제뿐 아니라 물질적인 쾌락을 탐구하는 그릇도 되어줄 수 있다는 개념을 확립한 것이다.

대중을 위한 음식

1845년, 엘리자 액턴이라는 한 영국 여성이 획기적인 요리책을 출판했다. 로마 시대의 요리책과는 정확히 반대편에 자리한 책이었다. 《일반 가정을 위한 현대 요리서Modern Cookery for Private Families》에는 부유한 상류층보다 중산층 가정을 위한 요리법이 실려 있다. 액턴은 영국 대중에게 스파게티와 방울양배추를 비롯한 새롭고 이국적인 재료를 소개했다. 이 책이 엄청난 성공을 거두자, 요리와 가정 살림에 대한 또 다른 책이 1861년 출판되어 이를 능가하는 큰 인기를 얻게 되었다. 바로 전설적인 《비튼 부인의 살림 꾸리기Mrs. Beeton's Book of Household Management》이다. 비튼 부인이 지혜롭기는 했지만, 파스타를 무려 한 시간 45분간 삶도록 권한 건 놀라울 뿐이다!

13 지리학 집성

• 저자 : 클라우디우스 프톨레마이오스 • 창작 연대 : 150년경

《지리학 집성Geographia》은 2세기 중엽에 박식함으로 유명한 한 그리스 학자가 쓴 획기적인 종합서다. 지리학과 지도학, 지도책과 지명 사전의 정보가 혼합된 이 책은 당시까지 알려진 지리학 지식의 결정체였다. 게다가 유럽 기독교 세계와 이슬람 세계 양측에서 미래의 지리학자와 지도 제작자들에게 미친 영향은 실로 엄청났다. 《지리학 집성》은 1500년 이상 인간이 세상을 보고 개념화하는 방식에 있어서 기준이 되었다.

프톨레마이오스는 100년경 태어나 당시 로마 제국의 속주로 있던 이집트의 알렉산드리아, 또는 그곳에서 매우 가까운 곳에 살았다. 로마 통치하의 아프리카에 살면서 그리스어로 글을 쓴 그는

여러 지적 전통의 정점에 있었다. 고대의 여러 위대한 지성들처럼 천문학과 점성술, 수학, 심지어 음악 등 여러 분야를 넘나들었다. 그는 수많은 학술서를 집필했지만,《지리학 집성》은 별과 지구의 움직임을 수학적으로 풀이한《알마게스트Almagest》와 점성술에 대한《테트라비블로스Tetrabiblos》와 더불어 그의 대표작 중 하나다. 총 여덟 권으로 이루어져 있으며 각 권은 3개 장으로 구성된다. 프톨레마이오스는 1권에서 지리학과 지도학 정보를 어떻게 수집하고 정리했는지 그 방법을 서술한다. 그가 글을 쓰던 당시, 인류는 이미 수 세기 전부터 지도를 제작하고 있었지만 이 책에서는 그보다 정확한 투영법을 이용해 개선된 지도를 만드는 방법을 제시했다.

2권에서 7권까지는 당시 로마인에게 알려진 세계 주요 장소의 경도와 위도 정보가 갖춰져 있어 '지명사전'의 역할을 한다. 7권의 마지막 부분에서는 세계 지도를 가장 정확하게 작도할 수 있는 여러 투영법을 다루며, 8권에는 상세한 지역 지도들이 수록되어 있다. 초판에는 64개의 지도가 실려 있었던 것 같지만, 후기 판본에는 아시아 12개, 유럽 10개, 아프리카 4개만 실려 있다. 그리고 서쪽으로는 카나리아 제도부터 동쪽으로는 오늘날의 타이만 일대인 마그누스 시누스, 북쪽으로는 셰틀랜드 제도부터 남쪽으로는 나일강 수원지까지 알려진 세계를 범위로 지도화했다.

《지리학 집성》은 프톨레마이오스가 자신의 독자적 사상을 앞선

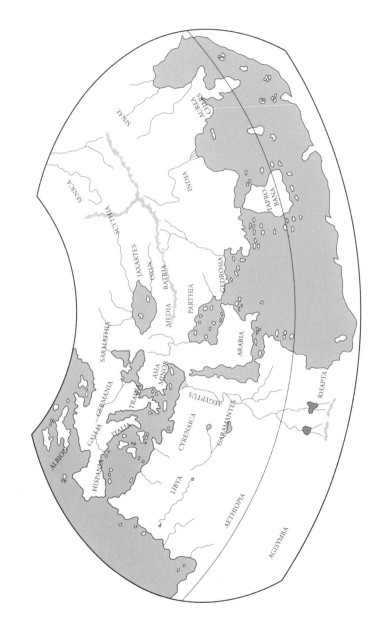

《지리학 집성》에 수록된 프톨레마이오스의 세계 지도. 지리학 역사의 획기적 사건이었다.

시대 로마와 페르시아의 저작을 통해 얻은 지식과 결합해 저술한 것이다. 특히 그는 자신보다 수십 년 앞서 세계 지도를 제작한 (오늘날의 시리아 일대인) 로마 속주 티루스의 마리누스의 성과에 큰 도움을 받았다고 인정했다. 마리누스의 지도는 현재 소실되어 확인할 수 없지만 그는 지도 제작에 여러 혁신적인 방법을 도입했고, 덕분에 위도와 경도를 이전보다 완벽히 구현할 수 있었다. 프톨레마이오스와 마리누스 두 사람은 모두 스트라보와 대플리니우스 같은 이전 세대의 지도 제작자들에 비해 자신들의 지도에 무역상과 선원들이 제공한 정보를 더 많이 반영하려 했다.

현재 《지리학 집성》 초판본은 전해지지 않지만, 프톨레마이오스의 다른 저작과 마찬가지로 이후 수 세기 동안 필사되어 널리 퍼졌다. 9세기에는 아랍어로 번역되어 유통되었으나, 유럽 내에서의 인기는 시들해졌던 것 같다. 현존하는 가장 오래된 그리스어 판본은 비잔틴 제국의 수도사이자 학자인 막시무스 플라누데스가 찾아낸 13세기 것이다. 그 후 14세기 초, 피렌체의 인문주의자 자코부스 안젤루스가 최초로 라틴어로 번역하여 《클라우디우스 프톨레마이오스의 지리학Geographia Claudii Ptolemaei》이라는 제목으로 발표했다. (12세기 시칠리아 왕국의 로제르 2세가 아랍어 필사본을 토대로 번역한 판본은 전해지지 않는다.) 1477년에는 볼로냐에서 인쇄판이 등장했는데, 이는 삽화를 넣은 최초의 인쇄본이다.

안젤루스의 번역본은 서양에서 오랫동안 잊혔던 프톨레마이오스의 지도에 대해 새로운 관심을 불러일으켰다. 중세 지도 제작자들은 (물론 오류가 매우 많지만) 수학과 정확한 측정 및 투영법에 기반한 프톨레마이오스의 과학적 접근법에 영감을 얻어서 자신들이 중요하다고 생각한 장소를 부각했다. 동시에 지명 사전을 통해 서양 세계에서 오래전 소실된 정확한 지리적 위치에 대한 지식이 회복될 수 있었다.

르네상스 시대를 맞이한 유럽은 이에 따라 세계를 다른 시각으로 보기 시작했다. 현대의 시각으로는 프톨레마이오스의 세계 지도가 방향과 범위 면에 있어서 분명한 결함이 있지만, 그의 지도는 이전 세대의 지도보다 훨씬 정확했으며 무엇보다 미래의 지도 제작자들이 세계를 보다 정확하게 구현할 수 있는 도구를 제공했다는 점에서 의의가 있다.

🖋 세계를 바라보는 새로운 시각

1569년, 플랑드르 태생의 헤르하르뒤스 메르카토르가 《새롭고 더 정확한 항해용 지도Nova et Aucta Orbis Terrae Descriptio ad Usum Navigantium Emendate Accommodata》라는 제목으로 새로운 세계 지도 투영법을 출판했다. 프톨레마이오스의 저서처럼 이 책도 큰 반향을 일으켰고, 그 청사진은 오늘날 사용하는 지도에서도 명확히 드러난다. 19세기, 스칸디나비아 귀족인 탐험가 아돌프 에리크 노르덴스키욀트는 메르카토르가 "프톨레마이오스 이후 지도 제작사에서 타의 추종을 불허하는 지위에 있다"라고 했다. 1595년, 메르카토르는 《우주의 창조와 창조된 우주에 대한 아틀라스 또는 우주 지리적 고찰Atlas Sive Cosmographicae Meditationes de Fabrica Mundi et Fabricati Figura》을 출판하며 세계 지도를 뜻하는 '아틀라스Atlas'라는 용어를 만들어냈다.

2부

중세

A SHORT
HISTORY
of
THE WORLD
in 50 BOOKS

14 쿠란

• 저자 : 예언자 무함마드의 동료들 • 창작 연대 : 7세기

《쿠란Qur'an》은 3대 아브라함 계통 종교 중 가장 역사가 짧은 이슬람의 핵심 경전이다. 무슬림은 쿠란이 610년에서 632년 사이 무함마드가 대천사 가브리엘로부터 직접 계시를 받아 기록한 신의 말씀이라고 믿는다. 전승에 따르면 무함마드의 동료(추종자들) 중 필경사들이 이 신의 계시를 종이에 적었다고 한다.《쿠란》은 종교적 지위와는 별개로, 아랍 문학의 정점이자 두말할 나위 없이 인류 역사상 가장 영향력이 큰 책 중 하나다.

무함마드는 현 사우디아라비아의 오아시스 도시 메카에서 태어나 대상隊商 무역에 종사했다. 당시 메카는 다신교 신앙이 지배적이었지만, 아브라함이 신에게 예배드리기 위해 세운 정육면체

모양의 신전인 카바Ka'bah, Kaaba가 세워져 있었다. 무함마드는 신전 관리를 책임지는 씨족 출신이었다. 전승에 따르면 610년 라마단 달의 어느 날 가브리엘 대천사가 자발알누 산의 히라 동굴에서 무함마드 앞에 모습을 드러냈다. 당시 40세였던 무함마드는 그 동굴에 홀로 머물며 기도하곤 했다. 그 후 몇 년간 가브리엘은 몇 번 더 그를 찾아왔고, 무함마드는 때로는 계시가 종이 울리듯 다 가오고, 또 어떨 때는 가브리엘이 남자의 모습을 하고 그에게 말 을 건네는지에 대해 이야기했다.

널리 수용되는 설에 따르면, 무함마드는 문맹이었기 때문에 가브리엘이 전한 계시를 동료들에게 암송하는 식으로 포교했다 고 한다. 그리고 동료들 중 일부는 그것을 외웠고, 다른 이들은 양 피지, 돌, 종려나무 줄기, 심지어 낙타의 어깨에까지 적었다. 당시 에는 시나 이야기의 형태로 외워서 말로 전하는 방식이 보편적이 었다. 그런 맥락에서 무함마드는 신이 직접 말한 계시를 전하는 전달자이므로, 무슬림들에게는 《쿠란》의 구절을 인간의 손으로 수정하는 행위가 부적절한 것으로 간주된다.

632년 무함마드의 죽음과 함께 계시도 끝났다. 모든 계시가 《쿠란》으로 집대성된 시기가 언제인지는 여전히 논쟁거리인데, 무함마드의 동료 중 하나인 자이드 이븐 타비트가 다양한 구술 자료와 문서 자료를 하나의 책으로 편찬했다는 견해가 지배적이 다. 이슬람교가 자신들의 언어로 새로운 지역에 전파되면서, 무함마드 사후 20년쯤 지난 650년, 3대 칼리프 우스만 이븐 아판이 표준판 《쿠란》 제작을 명했다.

《쿠란》의 전체 분량은 114개 장(수라) 6236행(아야)이며, 무함마드가 622년 메디나로 이주해 무슬림을 종교적 박해에서 해방시킨 때를 기준으로 메카 편과 메디나 편으로 분류하기도 한다. 《쿠란》은 이미지를 형상화하는 것을 엄격히 금하기 때문에, 많은 판본이 기하학적인 문양이나 꽃무늬, 화려한 캘리그라피 등 이슬람 스타일로 장식되어 있다. 영적이거나 세속적인 모든 문제에 있어 명확한 지침서 역할을 하며, 신과의 관계부터 세속의 법과 관습, 기도 시간, 식사와 금식, 순례, 자선활동, 고리대금 금지, 결혼과 이혼에 관한 법, 적절한 처벌 등 세속의 법과 관습을 적용할 기준을 제시한다.

이슬람교에 여러 지파가 존재한다는 사실은 《쿠란》의 단어들이 다양하게 해석될 여지가 있다는 것을 나타내지만, 그 단어 자체는 신성불가침이다. 《쿠란》은 본문에서 다른 주요 아브라함 계통 종교들의 창시를 담은 경전과의 관계성을 인정하면서, 모세와 예수도 신의 계시를 들은 예언자이지만 무함마드보다 부차적인 존재라고 간주한다. 이에 따라 예수는 기독교도들이 믿듯 신의 아들이 아니라 인간으로 묘사된다. 유일신 신앙에 따른 계율을 강조하며 유대교, 기독교와의 공통된 유산인 유일신의 존재와 그 초월성을 믿지만, 그 정점에는 무함마드가 있다고 생각한다.

처음에 무함마드를 따르는 추종자는 주로 가족과 친구들로 그 수가 적었지만, 메디나로 이주한 '히즈라Hegira, Hijrah' 이후 이슬람의 교세는 급격히 팽창했다. 630년경, 무함마드와 동료들이 메디나에 터를 둔 채 메카의 통제권을 장악했고, 660년 무렵에는 무슬림 통치가 아라비아반도를 넘어 근동, 북아프리카, 중앙아시아 일대를 아우르게 되었다. 급성장한 이슬람 제국의 중심에는 《쿠란》과 가르침이 있었다.

문학 작품으로서의 《쿠란》은 전통적인 이슬람 시의 정수가 담겨 있으며, 시적 운율감은 신성함의 증거로 여겨진다. 《쿠란》이라는 단어 자체도 아랍어 '암송하다'에서 유래했듯, 실제로 이슬람 의식에서는 본문을 반드시 큰 소리로 낭송해야 한다. 따라서 '타즈위드tajwīd'라는 암송법을 교육하여 어떻게 발음해 읽고, 어디서 쉬고 어디서 다시 시작하며, 어떻게 운율감 있게 낭송하는지 등 《쿠란》을 정확히 낭송하는 규칙을 가르친다. 무함마드에 반대하는 사람들은 그의 가르침이 단지 '시적 표현'에 불과하다며 평가절하하기도 하지만, 신의 계시와 시적 표현 간의 관계는 본문 안에서 명시적으로 이루어진다.

오늘날 《쿠란》은 전 세계 20억 명이 넘는 무슬림의 정신적 토대로서 과거 그 어느 때보다 막강한 영향력을 행사하고 있다. 어느 구절의 정확한 해석을 두고 격렬한 논쟁이 벌어지기도 하고, 심각한 지정학적 파문이 일기도 한다. 《쿠란》이 지난 1500년간 세계 지형을 형성해 왔다는 사실에는 이견의 여지가 없으며, 그 영향은 앞으로도 계속될 것으로 보인다.

오래도록 살아남은 조각들

2015년, 영국 버밍엄대의 한 연구자가 1920년대 칼데아인 사제 알폰스 미냐나가 수집한 중동 지역 문서 3천여 건 중 오랫동안 먼지를 뒤집어쓰고 있던 《쿠란》 조각을 조사하기 시작했다. 탄소연대 측정 결과, 두 장의 양피지 조각이 568년에서 645년 사이에 제작되었을 가능성이 95퍼센트로 나타났다. 이는 현존하는 《쿠란》 조각 중 가장 오래된 것이며, 이전 기록은 649년에서 675년 사이의 것으로 추정된 '튀빙겐 조각'이다. 실제로 이번에 발견된 조각은 무함마드를 실제로 알았던 누군가가 직접 손으로 쓴 것일 가능성이 제기된다.

15

켈스의 서

• 저자 : 스트리돈의 예로니모와 무명의 수도사들 • 창작 연대 : 800년경

《울라 편년사》*의 11세기 기록에서 "서구에서 가장 귀중한 유산"
이라고 설명하고 있는 《켈스의 서Books of Kells》는 뛰어난 미적 가
치뿐 아니라 중세 기독교 유럽의 영적 삶을 조명한다는 점에서도
중요한 작품이다. 《켈스의 서》는 추가 텍스트와 표와 더불어 라
틴어로 번역된 4대 복음서를 화려하게 장식한 필사본으로, 9세기
초 필경사와 예술가 수도사들이 제작했다.

《켈스의 서》에서 눈에 띄는 특징은 680쪽의 본문 사이사이
에 등장하는 세밀한 삽화인데, 이는 6세기에서 9세기 사이 영국

• Annála Uladh, 431~1540년까지 아일랜드 역사를 다룬 연대기.

과 아일랜드 수도원에서 유행했던 소위 '섬나라 양식'의 완벽한 모범이다. 인간과 동식물(고양이와 염소뿐 아니라 공작새와 사자 같은 이국적 동물도 등장한다), 신화 속 동물들의 모습을 화려한 캘리그라 피, 기독교의 전통적인 성상Iconography, 켈트식 매듭처럼 독특한 짜임 무늬와 결합한 문양이 모두 이국적인 안료에서 추출한 색으로 채색되어 있다. 예를 들어 요한복음의 첫 페이지는 명상하는 요한과 그 뒤로 술잔을 들이켜는 술꾼과 그의 머리 위에서 혀를 날름대는 괴물의 그림과 더불어 "처음에 말씀이 계셨다In principio erat verbum"라는 단 4개의 단어로 구성되어 있다.

이 작품의 저자는 불확실한데 본문 필사 한 명, 디자인 세 명으로 최소 네 명, 혹은 그 이상의 수도사가 참여했을 가능성이 크다. 각 페이지의 본문은 16~18줄이며 검정, 노랑, 보라, 파랑, 초

록, 빨강 잉크로 채식彩飾되어 있다. 본문의 대부분은 4세기 스트리돈의 예로니모가 라틴어로 번역한 '불가타 성경'에서 가져왔지만, 그보다 앞서 번역된 베투스 라티나Vetus Latina(고대 라틴어 번역본)에서 가져온 부분도 있다.

《켈스의 서》는 미완성 상태로 상당수의 삽화가 윤곽으로만 존재한다. 이 책이 미사 시간에 높은 제단에서 읽기 위해 제작된 의례용 도서이며, 그 제작 작업은 상당한 노력과 공이 들어간 큰 사업이었을 것이라는 점은 분명하다. 재료와 투입된 인력도 상당했을 것이다. (모든 페이지는 비싼 송아지 가죽으로 만든 양피지인데, 송아지 약 185마리가 소요된 것으로 추정된다.) 이 책은 이를 보는 모든 사람에게 경외심을 불러일으키고 신자들이 믿는 진리를 말씀하신 하느님을 흠숭欽崇하기 위한 목적으로 제작되었다. 우리가 서유럽이 암흑기라고 생각하던 시대부터 《켈스의 서》는 흠결 없이 완벽한 보물, 그 시대의 정신을 지배한 깊은 신앙심이 강렬한 예술적 표현으로 승화된 작품이다. 또한 로마 제국 붕괴 후 수 세기 동안 수도사들이 라틴어로 유럽에 기독교를 전하며 이를 보존해 왔다는 사실을 보여준다.

《켈스의 서》가 어디서 제작되었는지는 불확실하다. 다만 아일랜드 미스 주의 켈스 수도원에 수 세기 동안 보관되어 있었기에 이렇게 이름 붙여진 것이다. 켈스 수도원은 9세기 초 과거 언덕 요새 자리에 세워졌으며, 6세기 스코틀랜드 서부 해안 지방 이

오나에 동명의 유명한 수도원을 세운 아일랜드 출신 수도원장이자 선교사였던 성 골룸바에게 봉헌된 수도원이다.

이 책이 어떻게 켈스 수도원에 오게 되었는지를 두고 여러 가설이 존재한다. 어떤 학자들은 그곳에서 제작된 것이라고 주장하지만, (노섬벌랜드의 일명 '거룩한 섬' 린디스파른 같은) 잉글랜드나 스코틀랜드의 다른 수도원에서 일부 혹은 전체가 만들어져 훗날 옮겨진 것이라는 견해도 있다. 가장 일반적으로 받아들여지는 설은 이오나의 성 골룸바 수도원의 수도사들이 제작하기 시작했는데, 바이킹의 침략으로부터 이 책을 안전하게 보관하기 위해 켈스 수도원으로 옮겼다는 것이다. 당시 켈스 지방은 바이킹의 침략에 끊임없이 시달리는 곳이었지만 말이다. 약간의 상상력을 발휘해보라. 날씨가 혹독한 섬의, 벌집처럼 돌을 쌓아 지은 오두막집 안에서 충만한 영성을 동력으로 삼아 솜씨를 발휘하며 고된 일에 몰두하고 있는 스코틀랜드 수도사들의 모습이 눈앞에 떠오르지 않는가.

이 책이 켈스 수도원에 보관되어 있다고 언급된 문서 기록은 《울라 편년사》의 1007년 편에 처음 등장한다. 겉모습을 보면 도난당한 듯 보석이 박힌 황금 덮개가 제거되었으며, 잡초더미에서 몇 달 동안 버려진 채 방치되어 있다가 다시 발견되었다. 이 사고로 처음과 끝부분 몇 페이지가 소실된 것으로 추정된다. 1654년, 올리버 크롬웰의 군대가 이곳에 진입하자 당시 그 지역의 행정장관이 이 책을 안전하게 보관할 수 있는 더블린으로 옮기라는 현명한 결정을 내렸다. 그리고 7년 후, 이 책은 더블린의 트리니티 칼리지에 기증되어 그 후로 현재까지 그곳에서 보관되고 있다.

1188년, 성직자이자 역사가인 웨일스의 제럴드는 《켈스의 서》에 대해 이렇게 서술했다.

> 이 책은 거의 모든 페이지가 다른 디자인으로 다양한 채색이 특징이며, 예로니모에 따르면 4대 복음서가 조화롭게 담겨 있다. 여기서 우리는 신성하게 그려진 예수님의 얼굴과 복음사가들의 신비로운 상징을 볼 수 있다. 복음사가들은 각각 날개 달린 모습으로도 나타나는데 6개일 때도, 4개일 때도, 2개일 때도 있으며, 여기서는 독수리, 저기서는 송아지를 볼 수 있다. 여기서는 사람의 얼굴을 하고 있으며, 저기서는 사자의 얼굴을 하고 있다. 그리고 다른 형상들은 끝없이 다양하다. 평범한 시선으로 피상적으로만 감상한다면 교회 창의 장식이 보이는 것이 아니라 흐릿하다는 생각만 들고, 장인 정신이 발휘된 정교한 예술품이지만 그것을 알아보지 못할 것이다. 좀 더 뜨거운 관심을 가지고 자세히 들여다보라. 그러면 예술의 신전으로 빠져들어, 그 복잡한 문양을 이해하게 될 것이다. 그리고 섬세하고 정교하며, 점과 연결선으로 가득 차고, 산뜻하고 생생한 색으로 칠해진 그 복잡한 문양은 인간이 아닌 천사의 작품이라는 말이 절로 나오게 될 것이다.

세상에서 가장 아름다운 책

오랜 세월이 흘렀지만, 《켈스의 서》는 여전히 관람객을 놀라게 한다. 1953년 이래 이 책은 세 권으로 묶여, 두 권은 순회 전시되고 있다. 관례상 한 권은 삽화 부분을 펴놓고, 다른 것은 원고가 쓰인 페이지를 양면으로 펼쳐둔다. 중세를 거치며 30여 페이지가 소실되었지만, 예술 작품인 이 책은 매년 전 세계 100만 명 이상의 방문객이 찾아오는 아일랜드 최고의 관광 상품으로 인기를 누리고 있다.

16 마쿠라노소시

• 저자 : 세이 쇼나곤 • 창작 연대 : 1002년경

《마쿠라노소시枕草子(베갯머리 책)》는 10세기 말부터 11세기 초에 걸쳐 다이시 황후의 궁정 여관으로 활동한 세이 쇼나곤의 글 모음집이다. 일기 형식의 글, 개인적 사색과 견해, 여러 주제에 대해 뽑은 목록이 혼합되어 당시 일본의 궁정 생활을 독특한 시각으로 통찰할 기회를 준다.

이 작품은 수필 문학의 정수라고 꼽힌다. 수필은 일상의 단상을 작가의 독특한 시각으로 엮어 풀어내는 장르로, 대개 작가의 개인적인 경험과 환경에서 영감을 받는다. 그런데 《마쿠라노소시》는 이렇게 개인의 생각을 자유로이 풀어낸 점은 물론이고, 여성의 사회활동이 거의 없던 시대를 살던 한 여성이 지닌 여과되

지 않은 생각과 감정을 엿볼 기회를 오늘날의 독자들에게 제공한다는 점에서 수필 문학 이상의 중요한 의의가 있다.

저자 세이 쇼나곤 개인에 대해서는 거의 알려진 것이 없다. 세이 쇼나곤이라는 이름은 궁중에서 부르던 별칭일 뿐, 본명조차 전해지지 않는다. 쇼나곤은 높지 않은 관직명인데, 따라서 쇼나곤 직을 맡았던 사람과 결혼해서 붙여진 칭호일 수도 있다. 그녀는 적어도 두 번은 결혼한 것으로 추정된다. 세이 쇼나곤은 965년경 그리 넉넉하지 못한 중급 귀족 집안에서 태어났다. 그러나 아버지와 할아버지가 유명한 시인인 문학가 집안으로 알려져 있었다고 한다.

궁중 기록과 그녀의 글을 통해 유추해 보면, 세이 쇼나곤은 994년경 데이시 황후의 궁중 여관이 되었다. 자의식이 강해 스스로 궁중 생활이 어울리지 않는다고 생각한 그녀는 자신을 드러내지 않고 적당히 거리를 둔 채 궁정의 관습을 흡수하기로 했다. "내가 처음 황후 전하의 궁정에 들어갔을 때는 이루 말할 수 없을 정도로 긴장한 탓에, 늘 눈물을 쏟기 직전의 상태였다. 궁리 끝에, 밤을 제외하고 황후 앞에 모습을 나타내지 않으려 노력했고, 심지어 밤에 중궁전에 들었을 때도 3척 정도 되는 휘장 뒤에서 대령하고 있었다"라고 썼다. 하지만 세이 쇼나곤은 금세 그녀의 재치와 지혜를 좋아한 황후의 총애를 얻었고, 그 이유를 자신이 듣기 좋은 목소리로 궁중 내 소문과 이야깃거리를 전하기 때문이라고 추정했다. 그리고 얼마 지나지 않아 그녀는 궁중 생활을 하며 느낀 단상과 관찰한 기록을 종이에 옮겼다. 그 종이는 비싼 고급품이었는데, 황후가 이 종이를 선물받으면 무엇을 쓰겠는지 물었을 때 그녀의 대답이 마음에 들어 하사한 것이었다.

그러나 모든 이가 그녀를 좋아한 건 아니었다. 대표적인 라이벌은 제2황후 쇼시의 궁중 여관인 무라사키 시키부(다음 책으로 소개하는 《겐지 이야기》의 저자)였다. 그녀도 쇼나곤의 재능은 인정했지만, 자기만족과 다른 이와 차별화하려는 욕망이 두드러진다며 평가절하했다. 시키부는 쇼나곤이 경박하게 자신의 감정을 과장해서 표현하니 "그런 억지스러운 행동을 좋아할 사람은 당연히 없을 것"이라고 주장했다.

1001년 황후가 세상을 떠나자, 쇼나곤은 자신의 신분이 높지 않음을 깨닫고 수도 외곽의 어느 사찰에 출가하여 여생을 검소하게 살아갔다고 한다.

말년과 달리, 《마쿠라노소시》는 그녀에게 불멸을 선사했다. (당시 베개(마쿠라)는 오늘날 우리가 생각하는 것처럼 폭신한 머리 받침이 아닌, 일기나 다른 읽을거리를 넣을 서랍이 있는 긴 나무 상자와 비슷했다.) 쇼나곤은 단 한 줄짜리는 물론 몇 페이지에 걸친 장문도 실린 3백 편이 넘는 글에서 독자들을 위해 외부와 내부 세계를 설계했다. 이를 통해 794년 나라에서 교토로 천도하면서부터 1185년까지 이어진 헤이안 시대의 귀족 사회 모습과 관습을 파악할 수 있다. 헤이안 시대는 일본 고유한 문화가 발달한 황금기로, 특히 귀족 문화가 융성했고 중국의 영향력이 약해졌다. 특히 중국의 영향력이 약해졌다는 점은 쇼나곤에게 매우 유리하게 작용했다. 글을 쓸 때 여전히 남성들은 한자를 썼지만(학식이 높음을 상징), 여성들은 일본어 음절을 표현한 히라가나로 격식에 얽매이지 않고 글을 쓰는 풍조가 형성된 것이다. 따라서 일본의 여성 작가들은 훨씬 더 큰 표현의 자유를 누릴 수 있었고, 히라가나로 쓴 글은 쉽게 접근할 수 있어 더 많은 독자에게 읽힐 수 있었다.

쇼나곤이 그려낸 궁중 생활도 매혹적이지만, 현대 독자에게까지 반향을 일으키는 것은 그녀의 개인적 심경과 재미있는 일화들이다. 그녀는 자신을 위해 《마쿠라노소시》를 쓰기 시작했다고 주장하는데, 그래서인지 글에서 즉흥성과 해방감이 빛난다. 독자를 만족시켜야 한다는 부담감이 없으니 무엇에도 구애받지 않고 생각을 솔직히 펼칠 수 있었던 것이다. 그래서 기발한 글들이 많이 실려 있다. 몇 가지 예를 살펴보자. 그녀는 어느 날 갑자기 설경 說經 법사라면 얼마나 잘생겨야 하는지 곰곰이 생각한다. 청중에 게 자신의 의견을 제대로 이해시키려면 설경할 때 청중의 시선을 자신에게 집중시켜야 할 테니 말이다. 어떨 때는 "새벽녘 여자네 집에서 돌아가는 남자는 옷차림을 너무 단정히 하지 않는 게 좋다" 라고 언급하기도 한다. 다른 글에서는 "남자들의 취향은 정말 이 상하다"라며 '못생긴' 여성을 사랑하는 남성들을 매도하는데, 마치 현재 인터넷 채팅방을 연상시키는 분위기다.

절에 참배하러 갔을 때 분노한 일을 쓴 글도 인상적이다. 다 만 '평민들'이 그녀보다 먼저 그 절에 와서 바닥에 엎드려 절을 하 고 있었을 뿐인데 말이다. 그녀는 그들이 "흉물스런 옷을 입은… 도롱이 벌레떼"처럼 보였다고 분통을 토하며, "정말 갓길로 밀어 버리고 싶은 기분"이었다고 덧붙였다. 그러나 그녀가 이렇게 독 설만 쏟아낸 것은 아니었다. 황후가 사랑하는 고양이를 공격한 후 죽을 뻔한 개가 동정심 많은 궁녀들의 호소로 용서받고 궁에 다 시 돌아올 수 있게 되었다는 슬픈 이야기도 기록해 놓았다.

다른 이에게 읽힐 생각 없이 자신만을 위해 쓴 글이었지만, 쇼 나곤의 글은 책으로 엮이기 전부터 널리 퍼져나갔다. 그녀는 책의 뒷부분에서, 자신이 일기를 감추기도 전인 어느 날 자신을 찾아온 한 궁정 관리의 이야기를 풀었다. 그는 돌려달라는 부탁도 거절하 고 그녀의 일기를 움켜쥐고 가지고 가서 한참 뒤에 돌려주었다.

"내 생각엔, 이 책이 세상에 퍼지게 된 건 바로 그때부터였던 것 같다"라고 그녀는 판단했다. 그리고 "사실, 나 혼자 마음속으로 생각한 것들을 재미 삼아 떠오르는 대로 쓴" 것일 뿐이라고 말한다. 후대 사람으로서 감사할 뿐이다.

여전히 가슴이 두근대고

《마쿠라노소시》에는 150여 개가 넘는 주제에 대한 목록이 실려 있는데, 그 주제 상당수가 특이하고 굉장히 재미있다. 〈가슴 두근거리는 것〉을 살펴보자. 새끼에게 먹이 주는 참새부터 시작해 아기들이 뛰노는 곳 앞을 지나는 것, 좋은 향이 피워진 방에서 자는 것, 중국에서 건너온 우아한 거울이 흐려진 걸 들여다보고 있는 것, 한 신분 높은 남자가 내 집 문 앞에 마차를 세우고 시종에게 도착을 알리도록 지시하는 것까지 다양하다. 그녀의 낭만적 감성은 마지막에서 또렷이 드러난다. "손님을 기다리는 밤은 빗소리나 덧문을 때리는 바람 소리에도 가슴이 철렁한다."

17 겐지 이야기

• 저자 : 무라사키 시키부 • 창작 연대 : 11세기 초

《겐지 이야기》는 귀족 문화가 융성하고 정치 음모가 횡행했던 일본 헤이안 시대의 궁중 생활을 그린 소설이다. 필명을 쓰고 본명은 알려지지 않은 저자 무라사키 시키부는 쇼시 황후의 궁중 여관이었다. 이 작품의 완성 시기는 1021년 무렵으로 추정된다. 원작 원고가 두루마리 형태로 쓰인 탓에 현재는 남아 있지 않지만, 세계 최초의 소설로 불린다. 노벨상 수상 작가 가와바타 야스나리는 "《겐지 이야기》는 일본 문학의 최고봉이다. 오늘날에 이르기까지 이 작품에 비견될 소설은 없다"라고 평했다.

《겐지 이야기》는 기리츠보 천황과 신분 낮은 후궁의 아들인 '히카루 겐지(빛의 왕자라는 의미)'의 이야기로 시작해 그의 후손 니

오노미야와 카오루의 이야기로 옮겨간다. 겐지라는 캐릭터는 당시 궁정 관료 중 한 사람을 모델로 했다고 전한다. 총 54개의 장으로 구성된 《겐지 이야기》는 영어 번역본 기준으로 원고지 1천 페이지가 넘는 대작이다. 시적 운율이 느껴지는 표현이 자주 사용되어 헤이안 시대의 표현에 익숙하지 않은 독자들은 다소 어렵게 느낄 수 있지만, 매우 흡인력 있는 서사가 전개된다. 초반부에서 겐지는 정치 책략에 희생되어 후계자 후보에서 밀려난다. 그리고 이야기는 "너무도 아름답기에 최상류층에서 최고의 가인佳人을 골라내도 그와는 어울리지 못할" 만큼 잘생기고 여성 편력이 심한 주인공이 궁정 관료로 살아가면서 겪는 수많은 로맨스를 중심으로 전개되며 당대 귀족 사회의 관습과 관례, 어두운 이면을 그려낸다. 이 책은 중세 일본의 제인 오스틴 풍 로맨스 소설이면서도, 동시에 헤이안 사회와 내면의 도덕성보다는 외면에 치중하는 당대의 풍조를 비판하기도 한다.

무라사키 시키부(무라사키는 '라벤더'라는 의미)는 작중 겐지에게 가장 사랑받은 부인 무라사키 노우에의 이름에서 유래했으며, 970년대 당대 권력 가문인 후지와라 가문의 방계 집안에서 태어났다고 한다. 그녀의 아버지는 중급 관료였는데, 당시로서는 매우 드물게 딸에게 학문을 가르쳤다. 훗날 그녀는 전처와의 사이에 자식도 여럿 있는 나이 든 남자와 결혼했고 남편이 죽은 뒤에야 글을 쓰기 시작했다. 하지만 시인으로서 빠르게 명성을 얻으며 궁정 사교계의 중심인물까지는 아니어도 곧 상급 귀족 사회에서 환영받는 존재가 되었다. 그녀는 궁정의 중심에서 살짝 거리를 두고 불교에 마음을 의지하며 지냈으나 궁정 생활의 음모와 모략, 불륜과 연애, 이별과 파국을 목격했다. 그녀는 이 경험을 《겐지 이야기》에 쏟아냈다. 일부 학자들은 책의 특정 부분들의 문체나 어조가 나머지 부분과 다르다는 점에서 다른 작가들이 썼다는 의견을 제기하기도 한다. 또 갑작스러운 마무리로 미루어 미완성작으로 보는 견해도 있다.

무라사키는 이 걸작을 창조하면서 현대 소설과 유사한 요소를 상당 부분 도입했다. 주인공을 비롯해 수백 명에 이르는 수많은 조역 인물의 심리를 생생하게 묘사했다는 점이다. 하나의 중심 줄거리로 진행되지는 않지만, 등장인물은 그 행위에 따라 진화하며 일관성 있는 내면을 유지한다. 동시에 낭만적인 사랑과 실망감의 본질, 인생무상, 인간이기에 필연적으로 겪을 수밖에 없는 깊은 슬픔 등 작품에서 탐구하는 주제는 감성적 공감대와 극적 긴장감을 형성한다. 글의 양식과 구조는 헤이안 시대의 특징(예를 들어 등장인물이 이름이 아닌 거처나 관직명으로 불림)을 담고 있지만, 내용과 주제는 오늘날의 독자에게도 큰 공감을 불러일으킨다.

비록 무라사키 시키부의 친필 원고는 현존하지 않지만, 12세기에 제작된 《겐지 이야기》 화첩은 국보로 지정되어 있다. 남아 있는 가장 오래된 판본은 13세기 초 후지와라노 데이카가 쓴 것이며, 당시에는 조금 다른 버전도 상당수 유통되었던 것 같다. 1882년 스에마츠 겐초가 최초로 영어 번역본을 내놓았지만, 아서 월리의 완역본이 등장한 것은 1925년부터 1933년에 걸쳐서였다. 1권에는 버지니아 울프가 《보그Vogue》 영국판에 기고한 서평이 실려있다. 울프는 무라사키가 "격자창으로 '저 혼자만 즐거운 듯 활짝 핀' 꽃을 바라보는" 장면에 경탄한다. "톨스토이와 세르반테스나 그 밖의 서양의 위대한 이야기꾼들의 조상들은 오두막에서 싸우거나 웅크리고 있는" 장면을 그리는데 말이다. 이어서 아래와 같이 적었다.

무라사키와 서양의 위대한 작가들을 비교하면 그녀의 완벽함과 그들의 폭력성 사이의 차이만 부각될 뿐이다. 그러나 아름다운 세상이다. 교양 있고, 통찰력과 재치를 갖춘 조용한 부인이 완벽한 예술가로 꿈을 펼치는 세상이라니. 그리고 다가올 몇 년 동안 우리는 달이 뜨고 눈이 내리는 광경을 보며 기러기 울음소리, 피리와 금琴 연주를 들으며 그녀의 숲을 돌아다닐 것이다. 겐지는 삶의 우여곡절을 겪고 사람들을 울릴 만큼 아름다운 춤을 추지만, 예법의 선을 지키며 색다르고 더 멋지고 갖지 못한 것을 탐색하는 노력을 멈추지 않으니 말이다.

호르헤 루이스 보르헤스 또한 이 책의 추종자였다. 그는 이렇게 평했다. "아서 윌리가 번역한 《겐지 이야기》는 믿기지 않을 만큼 자연스러운 필치로 썼다. 이 작품이 독자의 흥미를 끄는 것은 끔찍한 표현인 '이국적' 호기심이 아니라 소설에 담긴 인간의 감정 때문이다. 다시 말해, 무라사키의 《겐지 이야기》가 뛰어난 심리 소설이기 때문이다."

✒️ 장르의 여왕

무라사키 시키부는 《겐지 이야기》 외에 다른 두 작품으로도 유명하다. 하나는 1014년경 발표된 《시로 쓴 회고록》이고, 당대 일본 구어체로 쓰인 일기와 그녀가 궁정 여관으로 일하던 시기에 쓴 편지와 시를 포함해 엮은 《무라사키 시키부 일기》다. 이 일기에서 작가의 개인적 면모도 엿볼 수 있는데, 《마쿠라노소시》의 저자 세이 쇼나곤에 대한 비판도 담겨 있다. 헤이안 시대는 일본 여성 작가들의 황금기였지만 분명 그들 간의 연대의식은 그리 크지 않았던 것 같다.

18 마그나 카르타(대헌장)

• 저자 : 캔터베리 대주교 • 창작 연대 : 1215년

〈마그나 카르타Magna Carta(〈대헌장〉의 라틴어 번역)〉는 13세기 초 잉글랜드의 존 왕과 그에게 불만을 품은 귀족들이 내전을 피하기 위해 도출해낸 합의문이다. 이는 정치 엘리트 계급의 부와 권력을 보존하려는 의도에서 나온 실용주의의 산물이었다. 그러나 그 영향은 서명했던 당사자들의 생각보다 훨씬 더 멀리 퍼져갔다. 〈마그나 카르타〉는 발표되고 8백여 년 동안 서구 사회를 지탱해온 민주주의 이상과 시민의 자유의 가치를 담은 최초의 문서라는 위상을 지닌다.

존 왕은 1199년 형 '사자왕' 리처드 1세의 뒤를 이어 왕위에 올랐다. 리처드 1세의 재위 기간 동안 잉글랜드는 평화를 누리며 상

당한 부를 축적했다. 재위 기간 대부분을 십자군 원정에 바쳤기 때문에, 잉글랜드의 남작들은 왕의 간섭을 거의 받지 않고 내정을 펼칠 수 있었다. 그러나 존은 형 리처드와는 다른 왕이었다. 왕권신수설을 신봉하는 그는 자신의 의지를 강요하고 왕실 금고를 채우기 위해서라면 수단과 방법을 가리지 않았다. 그는 상속과 군역 대납, 심지어 재혼한 과부의 재산에까지 가혹하게 세금을 부과했다. 남작들은 이렇게 과도한 세금을 받아들이지 못했고, 급속히 불만이 커져갔다.

1214년. 전쟁을 명목으로 막대한 세금을 거둔 존 왕은 프랑스를 침공했지만 브르타뉴와 노르망디 영토를 상실했고, 그러자 분위기는 더욱 악화되었다. 잉글랜드의 귀족은 존 왕을 비난하는 파와 군주에게 충성을 다해야 한다는 파, 정치색을 드러내지 않으려는 대다수의 중도파로 나뉘었다. 1215년, 잉글랜드에서 가장 영향력 있는 종교계 인사인 캔터베리의 대주교 스티븐 랭턴은 자신이 나서야 할 때라고 생각했다. 그해 6월 15일, 양측은 런던과 윈저 사이를 흐르는 템스강 기슭의 러니미드에서 만나 랭턴이 초안을 작성한 문서에 인장을 찍었다.

이 협정서에는 교회의 권리, 과세, 공정성, 불법적인 감금 금지 등 다양한 부분에 걸쳐 권리를 보장하는 내용이 담겨 있었다. 그러나 갈등은 계속되었다. 남작들은 존 왕이 서약을 저버렸다며, 훗날 루이 8세로 즉위하는 프랑스의 왕세자를 왕으로 추대하여 1차 남작 전쟁이 벌어졌다. 그러나 다음 해 말, 존 왕이 이질로 죽으면서 아홉 살 아들 헨리 3세가 왕위를 계승하게 되었다. 대헌장은 그 후 몇 년 동안 개정과 재반포를 거쳤다. 주목할 부분은 1225년 헨리 3세 때 수정되어 제정법기록집에 실린 개정본과 1258년 귀족으로 이루어진 추밀원을 군주 자문기구로 삼고 일 년에 세 번 의회를 소집한다는 것을 공식화한 '옥스퍼드 조례'다.

그러면 어떻게 이런 내용이 다른 나라에서도 중요하게 되었을까? 마그나 카르타에는 "모든 평민"과 "국왕의 동의" 같은 표현이 등장하지만, 그 진짜 목적은 사회 엘리트층의 지지를 토대로 군주가 통치하는 체제를 공고히 하는 것이었다. 자유민으로 간주되는 사람들의 권리는 확대되었지만, 인구의 절반을 차지하는 '비자유민', 즉 영주에 귀속되어 생계를 유지하는 농노에게는 적용되지 않았다.

그러나 남작들은 거의 기본 사항이 되는 주목할 만한 일을 했다. 서민층의 곤궁에 대해서는 관심이 없었지만, 중요한 여러 선례와 원칙을 세운 것이다. 먼저 군주가 독단적으로 통치할 수 없는 제도를 마련했다. 왕은 자신들의 행동을 설명하고 법에 따라 결정해야 했다. 즉, 법치주의가 확립된 것이다.

비슷한 맥락에서 자유민들은 '적법하게' 집행되는 정당한 절차를 거치지 않으면, 즉 임의에 의해 자유를 박탈당하지 않을 권리를 부여받게 되었다. 대헌장의 63개 조항 중 법으로 제정된 것은 3개뿐이지만, 그중에는 획기적인 내용을 담은 39조, 40조가 포함되어 있다. "자유민은 누구를 막론하고 자기와 동등한 신분의 동료에 의한 합법적인 재판이나 국법에 의거하지 않는 한 체포, 감금, 권리와 재산의 박탈, 법익의 박탈, 추방되지 않으며 어떤 방법으로도 이러한 권리가 침해되지 않는다. 또한 국가는 개인에게 무력을 행사하거나 타인을 통해 그렇게 하지 않는다. 국가는 누구에게도 권리와 정의를 팔지 아니하며, 이를 거부 또는 지연시키지 않는다." 13세기 중반 무렵, 이러한 권리는 사회적 지위와 상관없이 모든 사람에게 확대되어야 한다는 사회적 이해가 이루어진 것이다.

16세기에는 영국의 법관 에드워드 코크가 마그나 카르타를 토대로 〈권리청원〉의 초안을 작성했다. 전제 권력을 행사하던 왕의 권력을 제한하기 위한 의도에서였다. 1215년 작성된 왕과 귀족의 합의문의 영향은 뒤이어 나온 영국의 〈권리장전〉(1688)과 미국의 〈권리청원〉(1791)에도 명확히 드러난다. 또한, 미합중국의 건국헌법과 〈세계인권선언〉(1949) 등 역사의 한 획을 그은 문서에도 영향을 미쳤다. 수백 년 전, 잉글랜드 국내의 불만을 잠재울 목적으로 다급히 작성된 문서 치고 상당한 성과다.

윈스턴 처칠은 저서 《영어권 민족의 역사A History of the English-Speaking Peoples》(1958)에서 다음과 같이 말했다. "그리고 그 후 몇 세대에 걸쳐 자신의 권위에 취해 거만해진 국가가 국민의 권리와 자유를 유린하려 할 때면 국민은 〈마그나 카르타〉의 원칙에 다시 호소했고, 지금까지 성공하지 못한 적은 없었다."

양복점에서 발견된 초판본

1215년 작성된 마그나 카르타 초판본의 정확한 발행부수는 알려지지 않았지만, 여러 관청에서 13부 이상 발행한 것으로 추정된다. 그러나 현재는 4부만 전하며, 그중 하나만 봉인되어 있다. 모두 영국에 있으며 링컨 대성당과 솔즈베리 대성당, 런던의 영국도서관에 각각 보관되어 있다. 이 중 솔즈베리 대성당과 영국 도서관에 보관 중인 것은 17세기에 정치가이자 고서 수집가인 로버트 코튼이 수집한 것인데, 법률가인 험프리 윔즈가 런던의 한 양복점에서 발견해 그에게 기증한 것이라고 한다.

19 신곡

• 저자 : 단테 알리기에리 • 창작 연대 : 1320년

1320년, 단테 알리기에리Dante Alighieri는 12년 동안 매달려 온 3부작 대서사시 《신곡神曲 La Divina Commedia》을 완성했다. 문학사에 한 획을 그은 이 작품은 기존의 종교, 고전, 세속 문학을 비튼 풍부한 우화를 담아 주인공이 죽은 자들의 세계인 지옥, 연옥, 천국을 순례하는 여정을 1인칭으로 서술한다.

《신곡》은 여러 면에 있어서 획기적인 작품이다. 인류 역사상 가장 위대한 문학작품으로 꼽히며, 700여 년 동안 서양 문학의 고전으로 인정받아 왔다. T.S.엘리엇은 "단테와 셰익스피어가 세계를 양분한다. 세 번째 인물은 없다"라고 평했다(해리엇 루빈, 《사랑에 빠진 단테:세계 최고의 시는 어떻게 역사를 만들었는가Dante in Love:

The World's Greatest Poem and How It Made History》, 사이먼앤슈스터, 2004 참조).

단테는 라틴어가 문어文語로 쓰이던 당시의 풍조와 반대로 이 작품을 피렌체 방언으로 씀으로써 문학 전통을 한 단계 발전시켰고, 독자층을 확대했으며, 동시에 현대 이탈리아어의 기초를 형성하는 기틀을 다졌다. 또한 대중들이 종교적 가르침을 이해하도록 하는 데 큰 역할을 했다. 단테의 정신적 뿌리는 당시 유럽의 삶을 지배하던 로마 가톨릭 전통이었기에 (무비판적 수용은 아니었지만) 이러한 세계관을 바탕으로 한 《신곡》은 아마도 사후세계, 특히 "여기 들어오는 자, 모든 희망을 버려라"로 대표되는 지옥의 이미지를 형성하는 데 성경보다 더 큰 영향을 미쳤다고 할 수 있다.

단테는 1265년 당대 정치 음모의 온상이던 이탈리아 도시국가 피렌체에서 태어나 자랐다. 그는 약사가 되었는데, 약을 배우겠다는 강한 열정보다는 정치 경력을 쌓을 발판으로서 직업 길드에 속하려는 의도였던 것 같다. 게다가 약국에서는 책도 판매했으니 문학적 본능이 그렇게 이끌었을 수도 있다. 그는 피렌체 정치의 최전선에 나선 적은 없지만 교황파인 겔프당과 신성로마제국 황제파인 기벨린당 간의 오랜 대립 상황에서 교황파에 섰다. 기벨린당이 패배한 후 겔프당은 다시 여러 파벌로 분열되었고, 단테도 그 소용돌이에 휘말려 오랫동안 외국을 전전해야 했다. 그는 이 망명 생활 동안 《신곡》을 구상했다.

이 작품의 제목은 처음에는 《신곡La Divinia Commedia》이 아니었다. 원래 단테는 "희곡La Commedia"이라고 제목을 붙였으나, 훗날 조반니 보카치오라는 또 다른 위대한 이탈리아 작가가 그 앞에 "신의Divinia"를 붙였다. 전체 3부, 100곡(연옥 편과 천국 편 각 33곡, 지옥 편 34곡), 14,233행으로 구성되어 있다.

화자인 단테는 세 명의 안내자와 함께 1300년의 어느 성금요일 전날 밤부터 다음 수요일까지 사후세계를 여행한다. 지옥과 연옥을 안내한 이는 로마의 위대한 시인 베르길리우스이며, 천국의 안내자는 단테가 피렌체에 살던 시절 사랑한 실제 인물을 모델로 창조해낸 이상의 여성상 베아트리체다. 단테가 진심으로 사랑했지만 젊은 나이에 세상을 뜬 여인이다.

이 대서사시의 모험은 다음의 유명한 구절로 시작된다.

인생길 반 고비에
어두운 숲 가운데 서 있었네
올바른 길을 잃은 채

그러고선 그는 지옥으로 내려간다. 지옥은 아홉 개의 동심원으로 이루어져 있으며 층마다 각각 욕망, 탐욕, 분노, 이단, 폭력, 사기, 배반의 죄를 지은 죄인들이 모여 있다. 이들은 신의 가르침을 저버리고 저지른 죄에 대해 대가를 치르는데, 그 모습이 무서울 정도로 생생하게 묘사된다. 제1층은 '림보'로, 세례받지 않고 죽은 '선한' 비기독교인이 가는 곳이다. 다른 지옥보다 덜 잔혹하지만, 이곳의 영혼들은 천국으로 올라갈 희망이 없기에 영원한 슬픔에 젖어 산다. 베르길리우스가 사는 곳이기도 하다.

지옥에 이어 연옥으로 향한다. 연옥은 일곱 개의 층으로 이루어진 원뿔 형태인데, 각층은 일곱 가지 대죄를 상징한다. 여기서 단테는 죄의 본질과 그 또한 사랑에 뿌리내리고 있다는 사실을 반추한다. 다만 그릇된 대상을 사랑하거나 너무 많이, 또는 적게 사랑했기 때문에 죄를 지은 것이다. 연옥을 한층 한층 올라가며 단테는 가톨릭 교회의 문제점을 비판하고 당대의 여러 정치 문제에 대해 고찰한다. 그 자신의 정치적 망명 경험이 이 부분의 풍부한 소재가 되었다.

단테와 베르길리우스는 연옥 산의 꼭대기 에덴동산에 이른다. 이는 연옥 여행이 인간이 타락하기 이전의 순수함을 회복하는 과정임을 의미한다. 단테는 안내자 베아트리체와 함께 천국으로 가서 하느님의 영역인 최고천까지 아홉 영역을 하나씩 오르며 (맨 마지막 부분에서는 클레르보의 성 베르나르도가 안내한다) 그 과정에서 토마스 아퀴나스와 베드로, 사도 요한 등의 성인들을 만난다.

　이처럼 영성을 찾아가는 종교적 여정에 가장 큰 영향을 미친 것은 성경이지만, 단테는 다른 데서도 영감을 얻었다. 《신곡》 속 우주의 구성은 프톨레마이오스의 우주관을 상당 부분 차용했고, 아리스토텔레스는 철학적 토대가 되었다. 호메로스와 베르길리우스의 영향은 말할 것도 없다. 단테는 이렇게 이질적인 요소를 융합하여 이전에 존재하지 않던 완전히 새로운 무언가를 창조해 냈다. 그리고 수 세기 동안, 아니 심지어 오늘날까지도 사람들은 그가 《신곡》에서 그려낸 이미지를 토대로 천국과 지옥을 상상하고 있다.

　《신곡》이 후대에 미친 영향은 이루 말할 수 없을 만큼 크다. 종교개혁과 르네상스 시대에 나온 방대한 문화적 생산물에 그 흔적이 명확히 드러나는 것은 물론이며, 더 후대까지도 그 영향이 이어졌다. 단테가 없었더라면 존 밀턴John Milton이 《실낙원失樂園》을 쓸 수 있었을까? 19세기, 영국의 시인 윌리엄 블레이크는 낭만주의에 굶주린 새로운 독자들에게 이 작품을 다시 소개했고, 제임스 조이스와 T.S.엘리엇 같은 모더니즘 작가들도 자신들의 작품 세계를 형성하는 데 단테의 영향을 받았음을 인정했다. 심지어 제임스 조이스는 이렇게까지 말했다. "나는 단테를 성경만큼이나 사랑한다. 그는 나의 정신적 식량이며, 나머지는 부스러기에 불과하다."

　단테는 《신곡》을 통해 새로운 예술적 가치를 제시했을 뿐 아니라 문학의 소비 방식을 바꾸는 데도 일조했다. 토착어로 글을 쓰므로써 엘리트층의 언어인 라틴어로 썼을 때보다 독자층을 더 확대한 것이다. 이러한 과감한 시도는 보카치오와 페트라르카 등 많은 후대의 문인에게 새로운 길을 제시했다. 그러나 더 넓은 의미에서 《신곡》은 현대로 향한 대도약이라고 볼 수 있다. 종교와 신화, 정치 즉 천상과 세속을 혼합해 아름다운 시로 빚어낸 이 작품은 틀을 깨는 용기가 만들어 낸 산물로서 새로운 문학과 문학관을 태동시켰다. 아르헨티나의 작가 호르헤 루이스 보르헤스는 《신곡》에 대해 한마디로 평했다.

"문학사상 최고의 작품"

✒️ 단테에 비견되는 인물, 초서

단테가 토착어로 글을 쓴 것은 이탈리아 문학뿐 아니라 이탈리아어의 발전에도 큰 영향을 미치는 획기적인 일이었다. 그의 선택은 국가의 공통어lingua franca 발전에 중추적인 역할을 했다. 단테에 비견되는 인물로는 영어권의 제프리 초서 Geoffrey Chaucer가 있다. 그는 세계 문학사의 시금석인 작품 《캔터베리 이야기The Canterbury Tales》를 당시의 문어인 프랑스어나 라틴어가 아닌 중세 영어로 서술하여 영어 발전의 토대를 다졌다. 그와 동시대인인 토마스 옥클레브는 초서를 가리켜 "우리 아름다운 언어를 최초로 발견한 인물"이라고 평했다. 그러나 단테는 그보다 무려 80여 년 전에 대담한 발걸음을 내디뎠다.

20

직지심체요절

• 저자 : 백운화상 • 창작 연대 : 1372년

《직지심체요절直指心體要節》은 14세기 후반 오늘날의 북한 지역인 해주 안국사와 신광사의 주지였던 백운화상白雲和尚이 엮은 불경으로, 원제목은 《백운화상초록 불조직지심체요절白雲和尚抄錄佛祖直指心體要節》이다. 과거 불교 고승高僧들의 게揭·송頌·찬讚·명銘·서書·법어法語·설법說法 등을 담고 있으며, 백운화상이 편찬을 마친 지 5년 후인 1377년 간행된 판본이다. 가장 오래된 금속활자본으로 인정받아 2001년 유네스코UNESCO 세계기록유산으로 등재되었다. 요하네스 구텐베르크가 금속활자로 인쇄한 성경보다 78년 앞선 《직지심체요절》의 등장은 문학 형식이 엘리트층의 매체에서 대중의 매체로 진화를 시작했음을 의미한다.

백운화상이 《직지심체요절》을 편찬하던 고려시대는 불교가 국교로서 융성한 시대였다. 그는 선종 불도佛道의 깨달음을 얻는 데 필요한 내용을 뽑아 이 책을 엮었다. 책이 완성되었던 1372년에는 목판으로 인쇄되었다. 목판 인쇄는 나무판에 글자를 양각으로 새기고 그 위에 먹을 발라 종이나 다른 적절한 재료에 찍어내는 것으로, 당시 중국과 동아시아 전역에서 널리 사용되던 인쇄방식이었다.

목판 인쇄가 특정 문헌의 각 부분을 판에 새기는 '고정된' 방식이었다면 금속활자 인쇄는 훨씬 더 '유연한' 방식이었다. 문자나 부호 같은 요소를 별개로 틀에 배열한 뒤 그 위에 먹을 발라 찍어내는 방식이므로, 활자의 배열을 달리하면 각각 다른 문헌을 인쇄할 수 있다. 중국 송나라의 정치가이자 과학자인 심괄(1031~1095)에 따르면, 1040년경 필승畢昇이라는 인쇄업자가 구운 진흙과 접착제를 혼합해 별개로 조합이 가능한 활자를 발명했다고 한다. 그의 주장을 완전히 확신하기는 어렵지만, 중국이 12세기에 청동으로 만든 활자를 사용하고 있었던 것은 확실하다. 그러나 화폐나 정부 문서 같은 국가의 공식 인쇄물에만 사용되었을 뿐이다. 금속활자 인쇄 기술을 문화 생산물에 사용하는 데 있어 먼저 진보를 이룬 것은 고려 왕조였다. 훗날 나오는 유럽의 금속활자 인쇄는 문자를 배열한 틀 위에 종이를 올려두고 눌러 찍는 프레스press 인쇄기를 사용하여 이루어졌지만, 고려에서는 손으로 그러한 과정을 수행했다. 매우 시간이 오래 걸리는 작업이었던 것이다. 《직지심체요절》보다 앞선 금속활자 인쇄본이 있으나 지금은 남아 있지 않다.

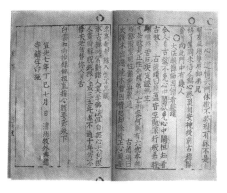

직지심체요절

《직지심체요절》은 상하 2권으로 간행되었으나 현재 전하는 것은 하권뿐이다. 가로 17센티미터, 세로 25센티미터 크기의 종이에 인쇄되었는데, 간간이 선이 비뚤어지고 일부 문자가 거꾸로 인쇄되는 등 오류가 보이지만 역사적 가치를 훼손할 정도는 아니다. 마지막 페이지에는 출판 정보가 나와 있는데, 이를 통해 고려 우왕 3년 7월, 현재 대한민국의 청주에 있는 흥덕사에서 인쇄되었음을 알 수 있다. 편찬자 백운화상이 사망한 지 3년이 지난 시점이다.

500년 동안 이어온 조선시대 말엽 1887년, 고서적 수집가 빅토르 에밀 마리 조세프 콜랭 드 플랑시는 주한 프랑스 공사로 조선에 와있었다. 《직지심체요절》은 그의 수중에 들어갔고, 1901년 프랑스의 동아시아 민속학자 모리스 쿠랑이 《조선서지》의 부록에 수록하면서 서양의 주목을 받게 되었다. 그리고 1911년 파리의 유명 경매회사 오텔 드루오 Hôtel Drouot를 통해 보석상 앙리 베버에게 팔렸다가 1950년 그가 사망하면서 프랑스 국립 도서관에 기증되었다. 22년 후에 이 도서관의 동아시아관 사서로 일하던 박병선 박사가 현존하는 세계 최고最古의 금속활자본임을 공식적으로 입증했다.

한국인들은 《직지심체요절》이 파리에 보관되어 있다는 사실에 불만을 표하며 자국의 국보가 반환되어야 한다고 주장했다. 이에 프랑스 정부는 이는 어느 한 나라가 아닌 세계 문화의 보물이며 프랑스 국립 도서관은 미래 세대를 위해 이를 잘 보존할 시설이 가장 잘 갖추어져 있는 곳이라고 반론을 펼쳤다. 쿠랑의 서지 목록에 수록된 지 1세기가 지난 2001년, 《직지심체요절》은 유네

스코 세계기록문화유산으로 등재되었다.

《직지심체요절》의 소유권에 대해서는 여전히 논란이 있지만, 인류의 문화적 성취라는 지위만큼은 변함이 없다. 재사용이 가능한 활자를 통한 금속활자 인쇄술은 대중에게 지식을 널리 배포하고 소비할 수 있도록 하는 방법이 되었으며,《직지심체요절》은 그중 가장 오래된 예다.

가장 오래된 인쇄본《금강경》

1900년, 왕원록이라는 도교 승려가 중국 서북부 감숙성 막고굴(천불동이라고도 불림)을 지나던 중, 벽으로 감춰져 있던 동굴 하나를 발견하고 안으로 들어가보았다. 그 안에는 수만여 건의 문물이 보관되어 있었는데, 그중에는 산스크리트어를 중국어로 번역한 불교 경전《금강경》도 있었다. 이《금강경》은 약 6천 자 분량으로 15미터 길이의 두루마리에 씌어 있었으며, 원제는 번뇌를 끊어내는 단단한 지혜라는 의미의《금강반야바라밀경》이다. 868년 5월 11일 목판 인쇄되었으며, 세계에서 가장 오래된 인쇄본이다.

21 하느님 사랑의 계시

• 저자 : 노리치의 줄리언 • 창작 연대 : 14세기 후반/15세기 초반

《하느님 사랑의 계시Revelations of Divine Love》는 저자가 목격한 여러 영적 환시를 통해 깨달은 예수의 실체와 그의 희생, 그리고 그 이면의 이유에 대한 생각을 담고 있다. 이렇게 계시의 경험을 담았다는 자체는 주목할 만하지만, 당시에는 그리 특별한 내용이 아니었다. 이 책이 특별한 것은 바로 저자가 여성이라는 점 때문이다. 줄리언의 이 영적 체험담은 영어권에서 현존하는 가장 오래된 여성 문학작품이다.

줄리언에 대해 알려진 것은 거의 없다. 1342년 당시 상업과 종교의 중심지로 번창했던 잉글랜드 동부 노리치에서 태어났다는 사실 외에는 본명도 알려지지 않았다. '줄리언'이라는 이름은

그녀가 은수자隱修者, 즉 세속으로부터 자신을 격리한 채 종교에 헌신하는 금욕적인 삶을 살던 교회의 수호성인에서 유래한 것으로 널리 알려져 있다. 줄리아나, 또는 마더 줄리아나로도 불린다.

줄리언이 살던 시대는 종교적으로나 사회적으로 대혼란의 시기였다. 당시 유럽을 지배하던 가톨릭 교회는 심각한 내분 상태였고, 그녀가 어린 시절이었던 1340~1350년대는 흑사병의 공포가 유럽을 휩쓸 때였다. 1380년대 잉글랜드는 농민 반란으로 사회적 대격변의 소용돌이 속에 있었다.

《하느님 사랑의 계시》는 1373년 어느 이틀 밤 동안 줄리언이 경험한 열여섯 가지 환시 혹은 '현시'를 담고 있다. 당시 서른 살 무렵이었던 그녀는 병석에 누워 사경을 헤매고 있었다. 점차 앞이 흐려지고 가쁜 숨을 힘겹게 내뱉는 중에도 그녀는 온 힘을 다해 침대 위에 걸려 있는 십자가에 집중했다. 그 순간 갑자기 고통이 사라지고 평온함이 찾아오며 여러 환시가 눈앞에 펼쳐졌다. 그 가운데 줄리언의 표현을 빌리면 "지혜롭고 참되신" 성모 마리아와 더불어 수난 시기 가시관을 쓰고 피를 흘리는 예수 그리스도의 모습이 보였다.

줄리언은 이러한 현시가 하느님의 사랑의 본질이라고 확신하며, 주께서 인간을 위해 행하는 모든 선한 일을 나타낸다고 말했다. 그녀는 이 책에서 하느님의 정체성, 왜 자비로운 신이 대죄와 악을 존재하게 하는지 등의 복잡한 철학적 질문과 씨름한다. 그리고 마침내 하느님의 사랑은 모든 것의 원동력이라는 결론에 도달한다. 그녀는 그리스도의 수난을 상세히 살펴보고 그 고통을 함께하고 싶다는 마음을 밝힌다. 놀랍게도 그녀는 그리스도를 '성스러운 모성divine feminine'이라는 개념으로 연결해 '성모 마리아'의 관점에서 언급하는데, 이는 당시로서는 파격적인 성 역할의 역전이었다.

다음은 하느님의 사랑과 자비에 대해 그녀가 어떻게 이해했는지 보여주는 대표적인 부분이다.

> 이 계시에서 주님은 내 손바닥 위에 개암나무 열매만큼 작은 것이 놓여 있는 모습을 보여주셨습니다. 둥근 공 같은 모양이었습니다. 나는 그것을 살펴보며 생각했습니다. '이게 무엇일까?' 그러자 응답이 들려왔습니다. '그것은 창조된 모든 것이다.' 나는 그것이 어떻게 존속할 수 있을까 의구심이 들었습니다. 너무 작아서 금방이라도 없어져버릴 수도 있을 것 같았기 때문입니다. 그때, 깨달음을 주시는 대답이 들려왔습니다. "하느님께서 그것을 사랑하시니, 그것은 존속하며 앞으로도 그리할 것이다. 이렇게 만물은 하느님의 사랑으로 말미암아 존재한다." 이 작은 것에서 나는 세 가지 특징을 발견할 수 있었습니다. 첫째는 하느님이 만드셨다는 것이고, 둘째는 하느님께서 그것을 사랑하신다는 것이며, 셋째는 하느님께서 사랑으로 지키신다는 것입니다.

줄리언은 며칠 만에 병에서 회복되었고, 그 시점에서 짧은 형식으로 자신이 겪은 계시와 그 깨달음을 기록했다. 그러나 그 후 수십 년에 걸쳐 이 글을 계속 수정하여 86개 장의 '긴 책'을 써냈다.

이 작품은 교회 사제가 라틴어로 쓴 것이 아니라, 보통 사람들이 사용하던 중세 영어로 썼다는 점에서도 의의가 있다. '긴 책'은 이렇게 시작한다. "이것은 영원히 복되신 예수 그리스도께서 16개의 환시로 보여주신 사랑의 계시입니다." 그녀는 자신을 "글을 모르는 무식한 여인"이라며 몸을 낮췄는데, 자신의 급진적인 발언이 교회 당국을 불편하게 할까 우려했기 때문으로 생각된다. 그녀가 글을 알았던 건 분명하지만, 당시 소녀들은 소년들처럼 교육의 기회를 얻지 못했으므로 독학으로 글을 익혔을 것이다.

줄리언은 1410년대에 세상을 떠났는데, 그녀 생전에는 이 《계시》가 널리 읽히지 않았다. 그녀의 친필 원고는 지금으로부터 몇 세기 전인 인쇄술 도입 이전 시대에 분실되었지만, 필사본이 시중에 유통되었다. 현재 총 세 부의 완전판이 전해지며, 두 부는 영국 박물관, 16세기 후반 앤트워프에서 추방된 수녀들이 제작한 나머지 한 부는 파리의 프랑스 국립 도서관에 소장되어 있다.

1670년, 세레누스 드 크레시라는 베네딕토회의 영국인 수도사가 파리 원고의 '긴 책'을 《에드워드 3세 시대, 주님의 신실한 종, 노리치의 은수자 마더 줄리아나에 현시하신 하느님 사랑의 16가지 계시》라는 제목으로 출판했다. 그리고 19세기와 20세기 들어 줄리언에 대한 관심이 높아지면서 여러 번역본이 등장했다.

줄리언의 죽음에 대해서는 거의 알려진 것이 없으며 심지어 어디에 묻혔는지도 알 수 없지만 매우 중요한 유산을 남겼다. 오늘날에도 논란과 공감을 동시에 불러일으키는 그녀의 작품은 우리에게 중세의 정신에 대한 통찰을 제공하고, 동시에 14세기만큼이나 21세기에도 중요한 믿음과 사랑의 본질을 깊게 탐색한다. 무엇보다 중요한 점은 여성이 사회적으로 거의 배제되었던 시대에 울려 퍼진 여성의 목소리라는 점이다. 줄리언은 독실한 신앙인이었지만, 그녀의 발언은 당시 지배적인 가부장제 이데올로기와 기성 교회 조직에 대한 일종의 도전이나 다름없었다. 목소리를 내지 못한 이들을 대변한 그녀의 목소리는 수 세기 동안 울려 퍼졌다.

줄리언의 발언이 가치 있다고 여긴 사람들 중 하나였던 T.S.엘리엇은 줄리언의 말을 자신의 시 〈리틀 기딩〉의 한 구절에 녹여냈다(《T.S.엘리엇 시 전집The Poems of T. S. Eliot Volume I:Collected and Uncollected Poems》, 페이버앤페이버, 2015 참조) "모두 잘될 것이다. 그리고 모든 것이 잘될 것이다." 줄리언을 기념하기에 적합한 구절이 아닐까.

✒ 여성들의 활약

줄리언이 당시 여성의 목소리를 대변한 유일한 작가는 아니었다. 그녀에게 영감을 준 사람 중에는 기독교 신비주의자 마저리 켐프Margery Kempe가 있다. 그녀는 1413년 줄리언을 방문해 며칠 동안 머물며 자신이 직접 겪은 영적 환시와 신앙의 범위에 대해 논했다. 1430년대에 켐프는 필경사에게 구술하는 방식으로 자신의 인생과 영성에 대한 기록을 남겼다. 그 결과 탄생한 책이 영어권 최초의 자서전 《마저리 켐프 서The Book of Margery Kempe》다.

22 구텐베르크판 성경

• 저자 : 다수 • 인쇄 : 요하네스 구텐베르크 • 창작 연대 : 1455년경

성경은 구약성경과 신약성경, 총 66권의 책으로 구성된 기독교에서 가장 신성한 책이다. 구약성경은 히브리 성경과 같으며 기원전 2세기에 이르기까지 수 세기 동안 일어난 일을 담고 있다. 반면에 신약성경의 책들은 대략 1세기 후반에 쓰였다. 4세기 콘스탄티누스 대제가 기독교를 로마 제국의 국교로 공인한 이래, 기독교는 수적으로 세계에서 가장 큰 종교라는 지위를 유지하고 있다. 그런 점에서, 수십억 인구의 영적 삶뿐 아니라 사회, 정치, 문화적 영향의 측면에서도 성경의 영향력은 실로 엄청나다고 할 수 있다. 성경의 여러 판본 중 구텐베르크판 성경은 유럽에 활자 인쇄술이 도입된 이래 가장 중요한 판본이다. 앞서 보았듯, 아시아에서 이

보다 수십 년 앞서 금속활자 인쇄술이 도입되었지만, 세계의 미래를 형성하는 데 중요한 역할을 한 것은 구텐베르크의 기술이었다.

구텐베르크는 1400년경 독일 마인츠에서 태어나 세공사, 발명가, 인쇄업자로 일했다. 그의 인쇄기의 원형이 무엇인지는 분명하지 않지만, 1440년대에 수 차례의 사업적 시행착오를 거친 끝에 완성된 것으로 보인다. 동서의 문화 교류가 거의 없었던 시대였으므로, 그는 앞선 아시아의 인쇄술 지식을 접하지 못한 상황에서 처음부터 자신만의 독창적인 시스템을 발명했다.

당시 널리 쓰이던 수성 잉크는 인쇄기에 잘 발리지 않았기 때문에, 이와 다른 유성 잉크를 만드는 데 힘을 기울였다. 사실 그가 만들려는 것은 전통적으로 사용되던 흡수성 잉크가 아니라 종이에 흔적을 남길 광택제와 비슷한 것이었다. 또한 농업용 압착기에서 힌트를 얻어 누르는 방식의 인쇄기를 발명하여, 일일이 손으로 인쇄하여 많은 시간이 드는 방식에서 탈피했다. 구텐베르크가 활판 인쇄 기술을 발명한 것은 아니지만, 인쇄술을 발전시킬 혜안을 가진 인물이었던 것은 분명하다. 그의 노력 덕분에 정보가 대량 유통될 수 있는 시대가 도래한 것이다.

구텐베르크는 1450년에 인쇄소를 세워 운영하고 있었지만, 1455년에야 그의 대표작인 성경이 출판되었다. 비록 두 권이 똑같지는 않았지만 관례상 2권, 총 1,288페이지, 각 페이지는 42행으로 구성되었다. 일부는 종이, 일부는 양피지에 인쇄했다(한 판에

약 170마리의 송아지 가죽이 소요된 것으로 추정된다). 일부는 다른 색 잉크로 제목과 여백 메모를 인쇄했지만, 이후 발행본에서는 시간과 생산비 절감을 위해 이 부분을 손으로 작업했다. 각 발행본은 30플로린에 판매되었다. 당시 점원의 3년 치 연봉에 달하는 적지 않은 금액이었기에, 이 성경은 수도원과 대학, 일부 부유층에게만 돌아갈 수 있었다. 이렇듯 획기적인 작품이었던 구텐베르크 성경은 초기 몇 년에 걸쳐 총 2백 부가 넘지 않을 정도로 소량만 인쇄되었다.

성경 출판은 큰 돈벌이가 되지 못했다. 인쇄기 개발에 몇 년이 걸린 데다 막대한 자본이 투입되어야 했으므로 그는 여러 명의 사업 파트너에게 손을 벌려야 했다. 그중 가장 중요한 인물이 요한 푸스트이다. 그는 성경 출판과 관련한 대출금 반환 소송을 해왔고, 구텐베르크는 패소하여 인쇄장비뿐 아니라 남아 있던 성경도 모두 넘겨야 했다. 결국 이 프로젝트로 제작자인 그는 실질적으로 아무런 이익을 얻지 못한 채 재정적으로 파산지경에 이르고 말았다.

　그러나 구텐베르크가 제작한 출판물의 품질은 처음부터 널리 인정받았다. 그가 투자자로부터 소송당할 무렵, 훗날 교황 피우스 2세로 선출되는 에네아 실비오 바르톨로메오라는 가톨릭 사제는 프랑크푸르트에서 견본용 몇 페이지를 보고 로마의 스페인 추기경 카르바할에게 보고했다. "인쇄 상태가 매우 깨끗하고 오류 없이 정확하여, 대주교님께서 안경 없이도 편히 읽으실 수 있을 겁니다." 오늘날 전해지는 구텐베르크 성경은 50권이 채 되지 않으며, 대부분 기관에 소장되어 있다. 또한 당시에도 적지 않은 가격이었지만, 지금 그 가치는 값을 매길 수 없을 정도다. 1978년, 마지막 완전판의 경매 낙찰가는 330만 달러였고, 9년 후에는 한 권이 540만 달러, 1장은 15만 달러에 팔렸다. 가난해진 구텐베르크가 이 소식을 들으면 어떤 기분이 들까.

　구텐베르크가 문명의 발전에 기여한 공로는 지금도 널리 인정받고 있다. 그가 유럽과 나아가 신대륙에서 서적의 대량 생산이 가능한 길을 열었기에, 교육받고 계몽된 대중이 역사에 등장할 수 있었다. 그가 없었다면 과연 종교개혁, 르네상스, 계몽주의 시대가 올 수 있었을까? 구텐베르크 성경은 현대로 향하는 관문이었다고도 할 수 있다. 20세기 말, 잡지 《타임 라이프》는 구텐베르크의 기술적 혁신은 지난 1천 년간 인류가 이루어낸 성취의 정점이라고 평했다. 구텐베르크의 성경은 그야말로 '좋은 책'이다.

🖋 킹 제임스판 성경

성경의 또 다른 획기적인 판본은 1611년 처음 출판된 킹 제임스판이다. 1604년, 종교적 불협화음이 극심하던 시대에 제임스 1세(스코틀랜드 제임스 6세)의 명으로 편찬되었다. 대중이 일상에서 사용하는 언어로 성경의 메시지를 전달함으로써 종교적 긴장 상황에 대응하고, 성경에 통일성을 확보하려는 것이 목적이었다. 텍스트는 전문가로 구성된 여러 집단으로 나뉘어 번역되었다. 그 결과, 영어권 문학작품 중 가장 뛰어나다고 평가받는 훌륭한 시가 태어났다. 또한 이 중 '밑 빠진 독', '눈에는 눈', '희생양', '자신들에게는 율법', '숨을 거두다', '의사야, 네 병이나 고쳐라', '현재의 모든 권위(실세)', '겨우 잇몸으로(가까스로)', '복수는 나의 것' 등 여러 표현이 관용적인 표현으로 영어 사전에 등재되었다.

23 마드리드 코덱스

• 저자 : 미상 • 창작 연대 : 15세기경

〈마드리드 코덱스Madrid Codex〉는 콜럼버스 이전 시대인 고대 마야 문명의 상형문자로 쓰인 현존하는 네 개의 고대 문서 중 하나다. 여기서 다루는 범위도 매우 광범위하다. 인류에게 알려진 최초의 문자 체계 중 하나인 마야 문자는 16세기부터 18세기 사이 중남미의 상당 부분을 정복한 스페인 침략자 콘키스타도르들에 의해 사실상 사라지고 말았다. 마드리드 코덱스는 마야 문명의 로제타석 (이집트 상형문자를 해독하는 데 핵심적인 역할을 한 비석)으로서, 최근 수십여 년 동안 실전된 문자를 해독하는 성과를 거두는 데 결정적인 열쇠 역할을 했다. 이 책은 인류 최악의 문화 파괴 행위가 인류사에 미친 해악을 해결하는 데 도움을 주며 인류 역사상 가장 중요한 진보를 이루어낸 문명 중 하나를 되살려냈다.

이 코덱스는 1860년대 스페인에서 발견되었을 때는 서로 다른 별개의 두 권으로 파악되었는데, 어느 정도 시간이 지난 뒤 단일 코덱스로 합쳐졌다. 이 책은 최초의 스페인 정복자 콘키스타도르 중 한 사람이 정복의 기념품으로 챙겨오면서 스페인으로 들어온 것으로 추정된다. 제작 시기를 둘러싸고 뜨거운 논쟁이 벌어지고 있는데, 스페인인들이 도착하기 전에는 이런 기록이 없었다고 주장하는 측도 있지만, 보편적으로는 스페인 침략 전 유카탄 반도 일대에서 제작되었다는 설이 받아들여지고 있다. 많은 마야 문명 학자들은 15세기로 추정하지만, 13세기까지 거슬러 올라간다는 주장도 있다. 처음 발견되었을 때 원고에 첨부된 교황 칙서를 보고 제작 시기를 콜럼버스의 도착 이후라고 추정했으나, 이는 훗날 마야인 가톨릭 사제가 이 문서를 축복하기 위해 노력한 흔적일 수도 있다.

코덱스의 소재는 나무껍질을 가공해 만든 아마테Amate로, 이것은 수천 년 동안 마야 문명권에서 종이 용도로 사용되어 온 것이다. 56장이 아코디언처럼 접혀 있는 형태이며 고운 석고 같은 물질을 위에 바른 뒤 그 위에 상형문자를 그렸다. 다루고 있는 주제는 종교 의식, 별자리, 천문도 등 다양하며, 인신 공양을 하는 삽화도 포함되어 있다. 사제 계급의 여러 저자가 작성한 것으로 보인다.

마야 문명은 늦어도 기원전 2000년경 주요 문명으로 부상하였고, 최전성기에는 수천만 명에 달하는 마야인이 오늘날의 벨리즈와 과테말라, 멕시코와 온두라스, 엘살바도르 일부 지역을 아우르는 넓은 지역에 퍼져 살았다. 마야인들은 동시대의 이웃인 아즈텍인들보다는 덜 알려졌지만, 자신들만의 매우 독특한 신앙 체계를 바탕으로 놀라운 문화유산을 창조해냈다. 뛰어난 수학자로서 4세기 중반 유럽보다 무려 8백 년이나 앞서 0의 개념을 받아들였고, 깊은 정글 한복판에 경외심을 자아내는 도시를 건설한 뛰어난 건축가이기도 했다.

그러나 마야인의 가장 큰 지적 성취는 상형문자를 이용한 정교한 문자 체계를 개발한 것이다. 의미와 발음을 나타내는 기호를 결합해 단어를 만드는 방식으로, 어떤 경우에는 상형문자 하나로 이 둘을 나타내기도 했다. 마야인의 문자 체계는 이집트인, 수메르인, 중국인의 문자와 더불어 인류 역사 최초의 문자 체계 중 하나였을 것이다. 아메리카 대륙에서, 전례 없이 이처럼 상상력이 발휘된 문명이 만들어진 것이다.

하지만 스페인 정복자 콘키스타도르의 도착은 이들 문명의 파괴를 알리는 서막이었다. 스페인 태생의 로마 가톨릭 유카탄교구의 주교 디에고 데 란다 같은 인물은 그야말로 마야인의 문화유산을 말소하려 했다. 데 란다와 그의 동료들은 마야인에게서 전통 신앙을 떨쳐내게 하겠다는, 지칠 줄 모르는 선교의 열정을 동력 삼아 '구원'할 영혼과 파괴해야 할 불경한 물건을 찾아 온 나라를 헤매고 다녔다. 그는 마야인들을 이교도라는 시각으로 보았는데, 무엇보다 그가 충격받은 것은 인신공양이라는 파괴적인 관습을 행한다는 사실이었다. 데 란다 주교는 마야인들이 스스로의 과오를 깨닫도록 만드는 것이 신께서 자기에게 내린 의무라고 느꼈다. 1562년 7월 12일, 데 란다는 유카탄 반도의 마니 마을에서 마야어로 쓰인 고유의 문헌들을 비롯해 5천 개가 넘는 종교·문화 유물을 일제히 불태웠다. 그것은 데 란다에게 있어서는 아우토다페 auto-da-fé, '신앙의 행위'였다. 그는 훗날 이날의 일을 이렇게 기록했다. "우리는 이 글자로 쓰인 많은 책을 발견했다. 그 책에는 미신, 악마의 거짓말만 쓰여 있었으므로 전부 불태워버려야 했다. 그들은 모두 이루 말할 수 없이 안타까워하며 몹시 고통스러워했다." 데 란다 같은 이들이 주관한 파괴 행위는 매우 효과적이었지만, 그럼에도 소수의 마야 문헌들은 안전하게 보존되었다.

16세기 후반, 마야어는 사실상 세계에서 사라졌다. 몇몇 건축물과 기념물에 새겨져 고고학적 의미를 지닌 채 남아 있을 뿐이다. 18~19세기 들어 학자들이 새겨진 글을 읽는 데 조금씩 진전을 이루었지만, 날짜 외에 다른 내용은 거의 해독할 수 없었다. 덕분에 마야인은 책력에 집착한다는 명성을 얻게 되었다. 1950년대에 들어서 비로소 마야어 연구에 진척이 있었는데, 이는 마드리드 코덱스와 현존하는 다른 코덱스에 대해 집중적인 연구가 이루어진 덕분이었다. 그리하여 마야 상형문자가 의미를 상징할 뿐 아니라 소리도 나타낸다는 사실이 밝혀졌다. 지난한 과정을 지나 1980~1990년대 마야 문자 해독의 황금기를 거치며, 오늘날 학자들은 현존하는 마야 문헌의 90퍼센트가량을 읽을 수 있게 되었다.

마드리드의 아메리카 박물관에 보관되어 있는 마드리드 코덱스는 마야어 해독 과정에 핵심적인 역할을 했다. 고대 문명의 관습과 신앙, 풍습을 기록한 이 코덱스는 그 내용 자체로도 매혹적인 텍스트이자, 인류 역사의 위대한 문화가 찬란하게 꽃피었던 시대를 조명하는 열쇠가 된 텍스트이기도 하다. 현재 전 세계에는 수백만 명의 마야인이 남아 있으며, 그중 많은 이가 잃어버린 자신들의 언어를 다시 배우고 있다. 소멸한 지 5백여 년이 지난 지금, 고대 문명의 가장 위대한 성취 중 하나인 마야어가 부활하고 있는 것이다.

🖋 마야 문명 코덱스

마드리드 코덱스 외에 마야의 코덱스는 다음의 세 개가 더 있다.

- 드레스덴 코덱스 : 13~14세기에 작성되었으며, 1820년대 마야 문서임이 확인되었다.
- 파리 코덱스 : 1450년대 이전에 작성된 것으로 추정되며, 1859년 발견되었다.
- 그롤리에 코덱스 : 11~12세기 무렵 작성되었으며, 1960년대에 세상의 빛을 보았다. 이후 2018년에서야 마야 문서임이 공식 확인되었고, 멕시코 국립 인류학·역사 연구소에 의해 '멕시코의 마야 코덱스Códice Maya de México'로 개명되었다.

3부

근세

중국 4대 기서

• 저자 : 나관중, 시내암, 오승은, 조설근 • 창작 연대 : 14~18세기

4대 기서奇書는 14~18세기 원명청 시대에 쓰인 중국 소설 중 대표적인 네 작품을 가리킨다. 주제 면에서 서로 독립적이며, 각 작품의 정확한 저자와 창작 연대는 늘 논쟁거리다. 그러나 4대 기서라는 묶음으로 볼 때, 이 작품들은 사회 전반에 광범위한 영향을 미친 뛰어난 문화적 성취로서 중국인의 문화적 정체성을 형성하는 데 중추적인 역할을 했다. 비록 이 작품들의 주제 의식은 꾸준히 재평가의 대상이 되기도 하지만, 독자들에게 불교와 유교의 변증법, 권력의 순환, 성군의 자질 등 중국 역사에 등장하는 심오한 문제들에 대해 고민하게 한다.

문학 형식 면에서 볼 때 4대 기서는 중국의 전통, 구전된 민담,

고대의 역사 기록과 작가의 소설 작법상 혁신(구어체로 쓰인 백화소설白話小說에 문어체 고전을 혼합한 것)을 결합하여 개성적인 등장인물과 흡인력 있는 이야기로 가득 찬 경이로운 서사 작품이다. 내용적으로는 개인의 도덕성을 반성하는 데 그치지 않고 사회로 시야를 넓혀 윤리적 비판의 잣대를 들이댄다. 궁극적으로, 인간이란 모름지기 어때야 하며 중국은 어떤 나라가 되어야 하는지 의문을 제기하는 것이다. 이는 세계에서 가장 인구가 많은 국가이자 오늘날 글로벌 강대국인 나라에게 물어야 할 질문이 아닐 수 없다.

이 소설들 각각의 분량이 약 800쪽에서 2500쪽에 달하는 만큼, 간단히 줄거리 요약만으로 이해하기는 어렵다. 또한 이 책들은 연속된 시리즈물이 아니라 각각 독립적인 작품이며, 각 작품마다 독특한 매력을 자랑한다.

《삼국지연의三國志演義》

14세기 나관중이 쓴 이 책은 169년부터 280년, 한나라 말기 지방 군웅이 할거하던 시대부터 위촉오 삼국 시대까지를 배경으로 한다. 이 소설은 군벌과 그들의 가신을 중심으로 수백 명에 달하는 등장인물의 운명을 따라가며 역사와 신화, 전설을 그려낸다.

《삼국지연의》의 첫 줄은 이 소설의 중심 주제인 권력의 순환적 속성과 그 속성이 인간의 야망과 충심, 도덕에 미치는 영향을 보여준다. "천하는 나누어진 지 오래면 반드시 합쳐지고, 합쳐진 지 오래면 반드시 나뉜다. 그리하여 지금도 그러한 것이다."

《수호전水滸傳》

역시 14세기에 쓰였으며, 저자가 시내암이라고 하지만 이 부분에 대해서는 지금도 전문가 사이에 논쟁이 계속되고 있다. 창작 시기보다 2백년 앞선 북송 시대를 배경으로, 양산박에 모인 108명의 호걸이 조정의 폭정에 맞서 봉기했으나 조정에 귀순하여 관군이 되어 반란을 평정하고 오랑캐의 침입에 맞서 싸우는 이야기다.

소설의 가장 유명한 인물인 송강은 실존 인물로, 이미 여러 민담의 주인공으로 대중에게 널리 알려진 인물이었다. 소설이 쓰였던 시대에는, 영어권의 로빈 후드처럼 법의 테두리 밖에서 부패를 처단하고 정의를 위해 싸우는 협객으로 명성이 높았다. 형제애와 동지애가 중심 주제이며, 여성 캐릭터는 불륜 등의 외설적인 관계에서 소비된다. 반란과 범죄를 미화한다는 이유로 역사상 특정 시기에는 금서로 지정되기도 했다.

《서유기西遊記》

16세기, 오승은이 썼다고 전해지며 중국 밖에서는 4대 기서 중 가장 널리 알려진 작품이다. 7세기 불교 경전을 찾아 '서역(인도와 중앙아시아 일대)'을 다녀온 현장법사의 순례를 모티브로 쓰였다. 현장이 쓴 《대당서역기大唐西域記》라는 여행기에는 엄청난 고난을 겪고 지독한 시련에 맞서는 내용이 담겨 있다. 서유기의 주인공인 당나라의 승려 삼장법사는 가장 유명한 손오공을 비롯한 동료의 도움을 받는다.

　이 소설은 희극적인 서사에 다양한 주제를 담고 있다. 정신적인 면에서는 유교와 지방의 토속신앙은 물론 신화, 불교, 도교가 혼합되어 있으며, 관료주의와 정부에 대한 풍자도 담고 있다.

《홍루몽紅樓夢》

18세기 조설근이 쓴 이 소설은 4대 기서의 다른 작품들보다 사실적인 어조로 쓰였다. 두 귀족 가문을 중심으로 펼쳐지는 이야기로, 중심인물 40명과 수백 명의 주변 인물이 등장한다. 《삼국지연의》와 마찬가지로 권력의 본질을 탐구하는데, 이 작품의 경우는 가정 내의 권력다툼에서 어떻게 승자와 패자가 결정되는지 보여준다는 점이 다르다. 4대 기서 중 가장 '심리적' 묘사가 뛰어난 작품으로 하위 이야기에서 사랑과 우애, 비극의 감정을 생생하게 표현한다.

전기적인 부분은 몰락한 관료 가문에서 자란 저자 본인의 경험에 영향받았으며, 당시 통치 왕조인 청이 서서히 쇠락하는 현실을 반영하고 있다. 도덕적 선악의 경계선에 있는 인물을 묘사하고, 중국 고전의 문어체가 아니라 구어로 썼다는 점에서 매우 획기적인 작품이다. 실제로 조설근이 사용한 베이징 방언은 현대 중국어의 발전에 상당한 영향을 미쳤다.

동양과 서양의 소설 형식은 다르게 진화했지만, 그 소설이 쓰인 사회의 역사와 여러 모습, 그 시민들이 직면한 윤리적·문화적 딜레마를 파악할 수 있는 필수 요소라는 것은 공통점이다.

《금병매金瓶梅》는 성적 묘사가 가득한 서사로 악명이 높지만, 문학적인 측면에서는 《돈키호테Don Quixote》에 비견된다는 찬사를 받을 정도로 정교한 스토리텔링이 뛰어난 작품이다. 《유림외사儒林外史》는 당대 지식인 계층을 신랄하게 풍자했다. 이상에서 보았듯, 4대 기서는 중요한 문명을 바라보는 창의 역할을 했다.

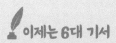

이제는 6대 기서

현대 문학 평론가들은 4대 기서에 두 권을 추가해 6대 기서를 선정했다. 추가된 작품은 다음과 같다.

《금병매》: 난릉소소생蘭陵笑笑生(난릉에서 조소하는 서생)이라는 필명만 알려졌
　　　　 을 뿐 사실상 작자 미상의 작품. 1610년경 발표.
《유림외사》: 저자 오경재, 1750년 발표.

25 　　　　　　　　　　　군주론

• 저자 : 니콜로 마키아벨리 • 창작 연대 : 1532년

니콜로 마키아벨리Niccolò Machiavelli는 고향 피렌체의 권세 가문인
메디치가에 잘 보이기 위해 쓴 저서 《군주론Il Principe》으로 유명
세와 악명을 동시에 얻은 정치이론가다. 《군주론》은 '현실정치
realpolitik', 즉 이상보다는 실제적인 목표를 중시하는 정치를 처음으
로 다룬 책이다. 이 책은 여러 면에서 실용주의의 선봉 격인 작품
이다. '현실정치'라는 용어가 19세기 독일의 정치가이자 작가인
루트비히 폰 로하우가 만든 것이라는 점을 감안하면, 마키아벨리
는 수 세기를 앞선 인물이었다고 할 수 있다. 직접 표현하진 않았
지만, 마키아벨리 주장의 핵심은 "목적이 수단을 정당화한다"로
요약된다. 좋든 싫든 후대의 여러 정치 거물들에게 (그리고 다른 분

야에서 치열한 노력을 기울이는 사람들에게도) 영향을 미친 격언이다.

마키아벨리는 1469년 이탈리아에서 가장 부강한 도시국가 피렌체공화국에서 태어났다. 그리고 그 권력의 중심에는 메디치 가문이 있었다. 메디치 가문은 막대한 부를 바탕으로 막강한 영향력을 행사했고, 두 명의 교황을 배출하면서 바티칸에까지 권력 기반을 확장하여 교회 조직을 손에 넣었다. 이렇듯 권력의 정점에 이르면 무자비하게 권력을 행사하기 마련이다. 그러나 메디치가에도 약점은 있었으니, 바로 방탕함과 부패였다. 경쟁 가문은 메디치가의 이러한 약점을 집요하게 공격했다. 그리고 1513년, 약 18년간 정계에서 축출되었던 메디치가가 다시 권력을 잡자, 앞서 그들이 피렌체를 통치하던 시절 외교관으로 봉직했던 마케아벨리는 관료로 복귀하고자 했다. 그는 자신이 경험을 통해 깨달은 이치를 피렌체의 통치자와 공유하고, 무릇 통치자란 어때야 한다는 관념적인 개념이 아니라 현실에 기반한 통치 방법을 제시하고 싶었다. 이에 대해 그는 이렇게 썼다. "많은 사람이 아무도 본 적이 없거나 실존했다고 알려진 적 없는 공화국이나 군주국을 상상해왔다. 그러나 사람이 어떻게 사는가의 문제는 어떻게 살아야 하는가의 문제와는 상당히 거리가 있다."

이러한 맥락에서 그는 통치에 관한 책을 쓰기로 했다. 이것이 바로《군주론》이다. 이 책은 그가 메디치가가 집권하던 시절 외교관으로 십여 년 동안 근무하며 냉혹하기로 유명한 체사레 보르지

아, 교황 알렉산데르 6세의 사생아인 발렌티노 공작을 관찰한 결
과를 바탕으로 삼았다. 보르지아는 발렌시아 추기경이었으나 추
기경직을 사임한 후 프랑스 왕 루이 12세의 장군이 되어 여러 이
탈리아 도시국가를 정복한 뒤 자신의 작은 공국을 세운 인물이다.
몇 달 동안 그를 가까이에서 관찰한 마키아벨리는 변화무쌍한 그
의 모습에 큰 충격을 받았다. 매력적인 장난꾸러기였다가 순식간
에 우울해지거나 입을 꾹 다물었으며 갑자기 화를 내기도 했다. 또
한 치밀한 계획성과 기회를 감지하는 본능을 갖추었으며, 결정적
으로 굉장히 무자비한 냉혈한이었다. 체사레 보르지아는 두려움
을 느끼게 하는 인물이었지만, 마키아벨리는 그를 깊이 존경했다.

마키아벨리는 보르지아를 모델로 삼아, '군주(통치자)'라면 목적을 달성하기 위해 아무리 비열한 행위라도 행할 수 있도록 도덕적으로 자유로워야 한다고 주장한다. 나라의 안정과 안전을 유지하기 위해서라면 어떤 행위, 다시 말해 속임수나 살인 같은 행위도 용납될 수 있으며, 거짓말로 평화를 얻을 수 있다면 이 또한 충분히 대가를 치를 만한 일이라는 것이다. 이러한 주장은 교회의 도덕적 가르침과는 노골적으로 배치되는 것이었기에, 이 책은 가톨릭 교회가 최고 통치권을 행사하던 르네상스 시대의 이탈리아에 큰 파장을 일으키며 마키아벨리 사후까지도 금서가 되었다.

물론 마키아벨리가 기만이나 잔혹한 행위를 당연한 조건으로 제시한 것은 아니었다. 그는 백성의 지지를 공고히 하여 정세 불안의 가능성을 줄이기 위한 수단으로서, 군주가 자비와 관용의 모범을 보여 백성의 도덕성을 장려해야 한다는 긍정적인 면모도 강조했다. 그러나 백성들에게 사랑받고자 하는 마음은 두려움의 대상이 되려는 마음 다음이어야 한다는 것을 명확히 밝혔다. "백성들로부터 사랑받으면서도 두려운 대상이 되는 것이 가장 바람직하다. 그러나 그렇게 되기란 지극히 어렵다. 따라서 그중 하나를 선택해야 한다면 사랑받는 대상보다 두려운 대상이 되는 편이 더 낫다… 사랑은 유대관계를 바탕으로 유지되는데, 사람이란 본래 악한 존재이므로 자신에게 이익이 될 때마다 유대관계는 끊어지기 마련이다. 그러나 두려움은 처벌이라는 고통의 공포로 유지되므로 배신이 불가능하다."

메디치가에서는 이 책을 긍정적으로 수용한 반면, 다른 이들은 경악했다. 프랜시스 베이컨은 저서 《학문의 진보》(1605)에서 이 책은 선한 사람들이 악한 사람들로부터 스스로 보호할 수 있도록 읽어야 한다고 평했다.

우리는 마키아벨리와 그 밖의 다른 사람들에게 힘입은 바가 크다. 그들은 사람들이 하는 일에 대해 쓸 뿐, 마땅히 해야 할 일에 대해서는 쓰지 않는다. 뱀의 지혜와 비둘기의 순수함을 결합하는 것은 불가능하다. 그러나 뱀의 조건을 정확히 안다면 가능하다. 저열함과 비겁함, 감언이설과 표리부동함, 질투와 가시 돋친 말, 즉 악의 형식과 본질을 알면 된다. 그렇지 않으면 덕은 방어벽이 무너져 무방비 상태가 된다. 정직한 사람은 악에 대한 지식의 도움 없이는 사악한 자에게 선을 행할 수 없는 것이다.

《군주론》은 오래도록 이어온 윤리적 전제들을 현실의 맥락에서 살펴본 철학서로서 시대를 초월해 울림을 준다. 결국 마키아벨리는 우리 대부분이 이해하고 있는 사실, 즉 권력자는 자비로운 사람이 아니라 자신의 목적과 그들의 나라를 위해 무엇이든 할 준비가 되어 있는 사람이라는 것을 말하고 있다. 이 책은 수 세기 후 좋은 리더십이란 지도자의 선량한 의도가 아니라, 그들이 행하는 행위의 실용적 결과로 판단되어야 한다는 찰스 샌더스 퍼스와 윌리엄 제임스의 철학적 실용주의로 나아가는 길을 제시했다. 또한 내전으로 수천 명이 목숨을 잃는 것보다 반역자 열 명을 초법적으로 죽이는 편이 낫다는 주장에서는, 다수의 이익을 위한 소수의 희생을 정당화하는 공리주의적 면모도 볼 수 있다.

권모술수에 능한 마키아벨리?

《군주론》으로부터 4년 후, 마키아벨리는 《로마사 논고Discourses on Livy》를 썼다. 그러나 이번에는 논조가 다소 달라져 있었다. 여기서 그는 "공화정이 군주정보다 우수하다. 공화국을 수립하기에 충분한 사회적 평등이 존재하지 않는 경우에만 군주정이 채택되어야 한다"라고 썼다. 메디치가는 어떻게 생각했을까? 《군주론》은 그저 출세를 바라며 쓴 책일 뿐 저자의 진실한 확신이 담긴 책이 아닌 것일까? 그렇다면 마키아벨리는 자신의 목적을 위해 정직함을 실천한 것일까? 《군주론》은 그 자체가 현실정치 행위의 일환이었을지도 모른다.

돈키호테

• 저자 : 세르반테스 • 창작 연대 : 1605/1615년

"그리 오래지 않은 옛날, 마을 이름은 기억하고 싶지 않은 라 만차 지방의 한 마을에, 창꽂이에 꽂혀 있는 긴 창과 낡은 방패를 갖고 있으며 말라빠진 말과 날쌘 사냥개를 키우는 한 세습 귀족이 살고 있었다." 10년에 걸쳐 2부작으로 발표된 《돈키호테》는 이렇게 시작한다. 서양 최초의 근대 소설이자 세계 문학의 빛나는 이정표인 이 작품은 내용과 스타일 면에서 모두 여러 의미가 있는 작품이다. 표면적으로는 기사도 소설의 희극적 패러디이지만, 상호텍스트성이라는 용어가 만들어진 시기보다 수 세기 앞서 발표된 소설이면서도 포스트모더니즘의 분위기를 느끼게 하는 상호텍스트성을 보여준다. 저자 세르반테스는 최고의 작가라는 명성에 걸맞

게 뛰어난 언어 구사력으로 독창적이고 재기발랄한 글을 썼다. 그러나 《돈키호테》는 근대 소설의 효시라는 중요성 외에도 인간의 조건에 대한 성찰과 꿈과 현실의 조화를 위해 어떻게 노력해야 하는지를 생각하게 하는 울림을 준다. 출판된 지 4백 년이 넘는 세월이 흘렀지만, 이러한 점에서 이 작품은 시대를 초월한 걸작으로 인정받고 있다.

세르반테스 개인의 인생은 상당 부분이 베일에 싸여 있으며 자세히 알려진 바가 없는데, 알려진 인생의 단편을 보면 마치 피카레스크 소설picaresque• 같다. 1547년, 빚에 시달리는 가정에서 태어난 그는 1569년 결투에서 상대를 다치게 한 탓에 가족이 살고 있던 마드리드를 떠나야 했다. 로마 가톨릭 주교의 시동으로 잠시 일하다, 군에 입대하여 1571년 오스만투르크 제국과 스페인 사이에서 벌어진 레판토 해전에 참전했다. 말라리아에 시달리는 와중에도 소형 배를 지휘하다 왼팔에 부상을 입어 불구가 되었고, 그후 1575년에는 해적에게 인질로 붙잡혀 몸값을 요구받으며 5년간 갇혀 있었다. 고국에 돌아온 뒤 공무원과 세금 징수원으로 일했으나 재정 비리에 연루되어 여러 차례 짧게 투옥되었다. 그리고 1585년 첫 작품인 《라 갈라테아La Galatea》를 발표했지만, 그가 생계

• 16~17세기 스페인에서 유행한 문학 양식. 악한소설, 건달소설이라고도 하며, 주인공인 악한이 사회나 가정을 떠나 여행을 하면서 이야기가 전개된다.

걱정 없이 글쓰기에 전념하게 된 것은 1600년대 중반 부유한 후원자 라모스 공작의 지원을 받으면서부터였다.

　　세르반테스의 삶의 궤적을 보면 《돈키호테》의 에피소드 구조가 어떻게 이루어질 수 있었는지 자연스럽게 이해된다. 이 책의 중심인물 알론소 키하노는 라 만차 지방에 사는 말라깽이에 이상주의자인 중년의 세습 귀족(이달고), 즉 하급 귀족이다. 기사도 소설에 푹 빠진 (그 과정에서 식음을 전폐하고 몰입하다 폐인의 상태에 이른) 키하노는 기사도의 전통을 되살리고 불의를 물리치는 모험을 떠나기로 결심한다. 그는 이름부터 돈키호테로 고치고, 땅딸하고 투박하며 단순한 산초 판사를 종자로 임명한다. 한 사람은 머리를 구름 속에 두고 다른 한 사람은 땅에 단단히 발을 붙인 채 그들은 모험을 떠난다. 역사상 가장 어울리지 않는 콤비였다.

　　세르반테스는 이 책이 라 만차 기록보관소의 자료와 아랍어 자료 등 실제 자료를 바탕으로 했다고 밝혔다. 이 작품을 불멸의 결작의 반열에 올려놓은 것은 진실과 허구 사이의 긴장감이다. 사제와 매춘부부터 군인, 염소 떼, 범죄자들에 이르기까지 돈키호테와 산초 판사가 만나는 수많은 등장인물은 저마다 현실 세계의 사건을 반영한 서사를 갖고 있다. 이와 대조적으로, 돈키호테 자신은 무엇이 진실이고 무엇이 자신이 상상으로 만들어낸 산물인지 구별하기 위해 고군분투한다. 그는 전신 갑옷을 입고 잘 알지 못하는 시골 여인을 진실한 사랑으로 지명하는데, 이렇게 현실로부터 동떨어진 행위는 풍차를 흉포한 거인으로 상상하고 공격하면서 더욱 가속화된다. (그가 옆구리에 창을 낀 채 풍차를 공격하는 이 에피소드에서 새로운 관용구가 생겼다.)* 독자들은 돈키호테가 세상을 마주하며 벌이는 싸움을 보면서 개인이 자유의지로 자신의 운명을 얼마나 주도적으로 개척할 수 있는지, 과연 운명은 어디까지 힘을 미치는지 궁금해하게 된다.

1부에서 돈키호테는 잘못된 판단과 불운이 재앙을 초래하는 불행한 영웅으로 (대부분 그 재앙의 직격탄을 맞는 산초 판사와 함께) 등장한다. 2부는 다소 다른데, 희극적인 웃음거리는 덜하지만 현실에 대한 풍자는 계속된다. 1편이 발표되고 10년 뒤에 출간된 2편은 돈키호테가 자신들의 모험담이 인기를 끌어 가짜 후속작까지

● 미친 짓을 한다는 의미의 'throw hat over the windmill'.

나왔다는 사실을 잘 알고 있다는 설정으로 전개된다. 이는 17세기 초의 메타픽션meta-fiction* 이라고도 할 수 있다. 여러 차례 부상과 모욕을 겪은 돈키호테는 고향으로 돌아와 병석에 눕는다. 마침내 그는 제정신을 되찾아 기사도의 환상을 떨친 뒤, 돈키호테라는 정체성을 버리고 선량한 알론소 키하노로 돌아간다.

세르반테스는 기사도 소설의 형식을 가져와 비트는 방식으로 새로운 문학 장르를 개척했다. 먼저 여러 에피소드를 엮어 복잡하지만 하나의 통합된 이야기로 만들어내며, 사건뿐 아니라 등장인물의 복잡한 심리와 풍부한 내면을 표현한 것이다. 세르반테스는 르네상스 예술가에 비견되는 문학적 업적을 남겼으며, 불과 얼마 전까지만 해도 저자의 이름 없이 소비되던 시시한 유흥거리에 불과했던 소설에 깊이를 더했다.

《돈키호테》가 문학사에 남긴 영향은 이루 말할 수 없을 정도로 크다. 그 후에 나온 모든 소설은 소설 문학을 개척한 《돈키호테》에 어느 정도 빚지고 있으며, 괴테와 플로베르, 디킨스와 나보코프에 이르기까지 여러 작가가 공개적으로 존경을 표했다. 《돈키호테》는 《허클베리 핀의 모험》(마크 트웨인), 《시라노 드 베르주라크》(에드몽 로스탕), 《삼총사》(알렉상드르 뒤마) 등 여러 유명 작품에서 언급되고 있다.

● 현실과 픽션의 경계를 허물어 그 관계에 대한 아이러니를 유도하는 방식.

《돈키호테》는 독자에게 진실과 미덕의 본질에 대해 고찰하고, 인간이 어느 정도까지 자신의 의지로 삶을 이루어낼 수 있는지 고민하게 한다. 그만큼 서양 문학의 중추적인 작품이라고 할 수 있다. 그러나 이러한 의의에 그치지 않고 세르반테스는 이 이야기를 만들어낸 이후 수 세기 동안 다른 어떤 문학보다 많은 사람이 즐기는 현대적인 문학 형식을 우리에게 선사했다.

원래의 로타리오

《돈키호테》는 여러 단어와 상용구를 선물했는데, 대표적으로 비현실적 이상주의자를 가리키는 '돈키호테 같은quixotic'이라는 표현이 있다. 바람둥이(로타리오) 캐릭터의 원형은 영국의 극작가 니콜라스 로가 1703년 발표한 희곡 《아름다운 회개》에서 만들어냈다고 하는데, 이 또한 세르반테스에게 공을 돌릴 수 있지 않을까. 《돈키호테》 1편 중 '무모한 호기심이 빚은 이야기' 편에 나오는 이야기의 로타리오라는 인물은 친구 아내의 정숙함을 시험하기 위해 그녀를 유혹한다. 그 로타리오는 마지못해 구애한 것이겠지만, 바람둥이의 원형이라는 것만큼은 분명한 것 같다.

27 셰익스피어 전집

• 저자 : 윌리엄 셰익스피어 • 창작 연대 : 1623년

엘리자베스 1세 시대, 잉글랜드 중부 지방의 유복한 장갑 제작자의 아들이 서양 문화계를 지배하는 거물이 되리라고 누가 상상이나 했을까? 그러나 윌리엄 셰익스피어는 그런 운명을 타고났다. 하지만 오늘날까지 전 세계적으로 수많은 독자가 읽고 즐기며 문학적으로 분석되는 작품(약 37편의 희곡, 154편의 소네트, 몇 편의 장편시 등)들의 저자라는 사실 외에는 그에 대해 알려진 바가 없다.

셰익스피어는 '책'을 쓰는 작가가 아니었기에, 그의 작품들은 사후 7년이 지나서야 《퍼스트 폴리오First Folio》라는 제목의 희곡 전집으로 묶여 출간되었다. 그러나 사후 4백 년이 지난 지금까지 그는 영어권에서 가장 위대하고 중요한 작가로 평가된다.

그는 전통적으로 비극, 희극, 역사극을 아우르는 희곡으로 유명하다. 그의 영향이 이토록 지속되는 데는 몇 가지 이유가 있다. 첫째, 그는 최고의 이야기꾼이자 캐릭터 창조자였다.《햄릿》,《로미오와 줄리엣》,《한여름 밤의 꿈》,《안토니우스와 클레오파트라》,《헨리 5세》등 그가 쓴 많은 희곡을 생각해 보라. 셰익스피어가 없는 문화계는 비틀스가 없는 팝계와 같다. 셰익스피어의 모든 작품은 누구나 익숙하게 여길 만큼 널리 알려져 있으므로 때로는 그 영향이 당연하게 느껴질 정도지만, 그의 작품이 없었더라면 세상은 이만큼 다채롭지 못했을 것이다.

셰익스피어의 작품이 전 세계적으로 퍼질 수 있었던 것은 그가 작품을 쓴 언어가 이후 몇 세기 동안 세계의 지배 언어(링구아 프랑카Lingua Franca)가 되는 행운이 작용했기 때문이기도 하다. 그렇지만 다른 영어권 작가들과 달리, 셰익스피어의 이름만 이토록 널리 알려지게 된 이유는 무엇일까? 아마도 사랑과 증오, 전쟁, 평화, 권력, 자유, 복수, 탐욕, 욕망 등 인간사의 보편적인 주제를 다루는 천부적인 능력 때문일 것이다. 이러한 점은 셰익스피어와 공통점이 거의 없는 삶을 살아온 넬슨 만델라의 말에서 잘 알 수 있다. "셰익스피어는 언제나 우리에게 해줄 말을 알고 있는 것 같다." 엘리자베스 1세의 시대에 활동한 동시대 작가 벤 존슨은 그를 "한 시대가 아니라 영원히 살아남을" 작가라고 평했다. 셰익스피어의 연극은 독특한 방식으로 시간과 공간을 초월한다. 그 자신이

"온 세상이 연극 무대다Totus mundus agit histrionem"라는 모토가 새겨진
글로브 극장에서 온 세상 인류와 소통하고 있다고 생각했던 것처
럼 말이다.

셰익스피어는 전형적인 특징, 표준이 되는 인물, 연극 전통
을 따르는 아이디어를 탐구해 캐릭터를 설정하고 플롯을 구성했
다. 하지만 거기에 극과 문학으로 성취할 수 있다고 생각한 수준
을 넘어선 복잡한 심리를 더했다. 뼈대만 있던 인물은 감정과 강
인함, 나약함 같은 인간의 모든 특징을 갖춘 완벽한 인간이 되어,
기억에 남을 언어로 그러한 감정을 전한다. 예를 들어 위기에 처
한 인간을 탐구할 때 햄릿보다 적절한 인물이 있을까? 아니면 인
간 심리를 통찰한 대사 중 햄릿의 "죽느냐 사느냐, 그것이 문제로
다"라는 독백보다 강렬한 인상을 남긴 것이 있었던가? 운명적인
사랑을 이야기할 때는 오늘날에도 가장 먼저 로미오와 줄리엣이

떠오르지 않는가? 또 누군가 배신했다고 하면 자연스레《율리우스 카이사르》의 "브루투스, 너마저?"가 입에서 튀어나온다. 인간의 심리 깊은 면을 통찰한 셰익스피어의 뛰어난 능력은 몇 세기 후 지그문트 프로이트가 쓴 작품에서도 확인할 수 있다. 그의 작품 곳곳에 그가 "최고의 시인"이라고 평한 셰익스피어의 말이 인용되어 있으니 말이다.

감정을 전달하고 복잡한 심리를 탐색하는 셰익스피어의 능력은 본질적으로 그의 뛰어난 언어구사력, 즉 마음을 사로잡는 대사를 쓰는 탁월한 능력과 밀접한 관련이 있다.《햄릿》한 작품만 해도《옥스퍼드 인용 사전》에 2백 개가 넘는 인용문이 실려 있다. 현대의 영어 사용자들은 약 1만 개에서 2만 개의 단어를 알고 있지만, 그중 일상적으로 사용하는 것은 극히 일부에 불과하다. 반면 셰익스피어는 그의 희곡에서 2만9천 개가 넘는 단어를 사용했다. 게다가 수많은 새로운 단어를 만들어내기도 했다. 새뮤얼 존슨은 첫《영어 사전》을 편찬하면서 다른 어떤 작가보다 셰익스피어의 작품에서 많은 단어를 수집했고, 현재의《옥스퍼드 영어 사전》에도 2천 개가 넘는 셰익스피어의 글이 인용문으로 실려 있다. 셰익스피어는 1700개 이상의 새로운 단어를 만들어냈는데, 그중 몇 가지만 살펴보자. 반감antipathy, 최고의 악당arch-villain, 암살assassination, 맨얼굴barefaced, 현혹하다bedazzle, 소지품belongings, 구애courtship, 불굴의dauntless, 이슬방울dewdrop, 고용주employer, 간질epileptic, 모호한

equivocal, 요정의 나라fairyland, 멋진fashionable, 검소한frugal, 중매인go-between, 가정적인homely, 감언이설하는honey-tongued, 공평한impartial, 무당벌레ladybird, 탄식lament, 비약leapfrog, 광택나는lustrous, 발 빠른nimble-footed, 발발outbreak, 뚜쟁이pander, 경이로운prodigious, 토하다puke, 고함치다rant, 남학생schoolboy, 어리석음silliness, 유서 깊은time-honoured, 이세상의 것 같지 않은unearthly, 유용한useful, 취약한vulnerable, 감시자watchdog, 교육을 잘 받고 자란well-bred, 엉뚱한zany 등 익숙한 단어가 많다.

새로운 구절을 만들어내는 솜씨 또한 '이루 말로 다 표현할 수 없다beggars description(《안토니우스와 클레오파트라》에서 처음 사용한 문구).' 셰익스피어가 없었다면 우리는 '신들에게 걸맞는 요리-최상의 음식have dishes fit for the gods'(《율리우스 카이사르》), '눈만 껌뻑이는 바보blinking idiots'(《베니스의 상인》), '용감한 신세계brave new worlds'(《템페스트》), '힘이 되는 사람towers of strength'(《리처드 3세》), '부질없는 시도wild-goose chases'(《로미오와 줄리엣》) 같은 표현을 접하지 못했을 것이다. 또한, '인생의 7기the seven ages of Man'(《뜻대로 하세요》), '초록 눈의 괴물 : 질투the green-eyed monster'(《오셀로》), '불만의 겨울the winter of our discontent'(《리처드 3세》) 같은 개념이 없었다면 세상은 얼마나 풍요롭지 못했을까.

셰익스피어는 극과 운문의 경계를 탐색하며, 인물의 심리적 진실을 살펴보고 이를 놀라운 언어로 표현함으로써 역사를 바꾸었다. 은유적 표현이 아니라 말 그대로인 경우도 있다. 생각해 보라. 리처드 3세라는 인물을 이해할 때, 역사상의 기록보다 셰익스피어가 묘사한 모습이 더 익숙하지 않은가. 그러나 더 중요한 것은 그가 우리에게 인간이 어떤 존재인지 질문을 던지고 생각해 보게 한다는 점이다. 그가 이 질문을 너무도 완벽히 다루었기에, 그의 작품은 처음 쓰였을 때만큼이나 오늘날에도 널리 수용되며 영감을 주고 있다.

값비싼 글

셰익스피어의 작품에 금전적 가치를 매기려는 시도는 물론 어리석은 짓이지만, 1623년 발간된 희곡 전집 《퍼스트 폴리오》의 가치는 적어도 그가 얼마나 존경받는지 짐작할 수 있는 지표이기도 하다. 《퍼스트 폴리오》의 인쇄본은 약 1천부 정도 발행되었으며, 발행 연도의 소매가는 1파운드라는 거액이었다. 그중 235부가 남아 있는데, 그중 20여 부는 손상 없이 완전한 상태로 보존되어 있다. 2020년 1부가 뉴욕의 경매에서 998만 달러에 낙찰되었다. (저자 사후에 출간되었기에, 작가의 친필 사인과 같은 물리적 연결고리는 전혀 없다는 점을 기억하자.) 물론 그 1부는 중고책 치고는 꽤 괜찮은 가격 아닌가.

28

대화
— 천동설과 지동설, 두 체계에 관하여

• 저자 : 갈릴레오 갈릴레이 • 창작 연대 : 1632년

《대화—천동설과 지동설, 두 체계에 관하여Dialogo sopra i due massini sistemi del mondo》는 널리 알려진 기존의 관점을 전혀 다른 관점으로 전환하게 만든, 획기적인 과학 논문집이다. 이 책은 당시 유럽인의 사고 체계를 지배하고 있던 로마 가톨릭의 가르침에 대한 도전이었고, 그로 인해 이탈리아의 천문학자이자 엔지니어, 물리학자였던 저자는 고난의 길로 접어들게 되었다. 오늘날에는 지구가 우주의 중심이 아니라 지구와 다른 행성들이 태양 주위를 돈다는 사실을 당연하게 받아들이지만 말이다.

이 논문은 폴란드의 니콜라우스 코페르니쿠스(1473~1543)와 그의 저서 《천구의 회전에 대하여De revolutionibus orbium coelestium》를

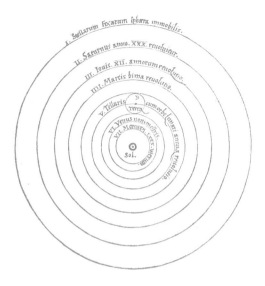

코페르니쿠스의 태양중심설 도표

토대로 쓰였다. 이 책은 우리 행성을 만물의 중심에 두는 프톨레마이오스의 체계와 대비되는 우주관을 제시하며 고대부터 이어진 인류의 종교적·과학적 가르침의 전제를 뒤흔들었다. 성서의 가르침과 상충하는 이 급진적인 논제에 가톨릭과 종교개혁론자들을 막론하고 주요 종교계 인사들은 일제히 비판하고 나섰다. 마르틴 루터는 이렇게 비난했다.

"이 어리석은 자는 천문학의 틀을 완전히 뒤집으려 하지만, 성서에서는 이렇게 말한다. '여호수아가 외쳤다. 해야, 기브온 위에 그대로 서 있어라(여호수아 10:13).'"

코페르니쿠스는 과학적 지식이 있는 사람들만 이해할 수 있는 방식으로 글을 썼다. 종교계의 지배층이 그에게 등을 돌린 탓도 있지만, 이러한 이유로 그의 작품은 대중의 의식으로 스며들지 못했지만 과학계에서는 널리 읽혔다. (실제로 입증된 확실한 이론이 아닌, 고려해볼 만한 이론 모델이라는 전제가 있었다.) 코페르니쿠스의 책 역시 1616년에는 교황청 금서 목록에 올라 1758년 해제될 때까지 140여 년간 금서로 지정되었다.

피사에서 태어난 갈릴레오는 1609년경 수차례 천문 관측을 시행한 결과, 코페르니쿠스의 학설을 확신하게 되었다. 1613년 그는 자신의 한 학생에게 쓴 편지에서 코페르니쿠스의 이론이 어떻게 성경과 조화를 이룰 수 있는지 이야기했는데, 훗날 이 편지가 로마 종교재판소의 주목을 받게 된다. 종교재판소는 코페르니쿠스의 지동설이 '어리석고 터무니없는' 이론임은 물론이고 이단적이라는 결론을 내렸고, 갈릴레오에게 이 학설을 지지하고 전파하는 것을 멈추라는 경고 처분을 내렸다. 그러나 예상치 않게, 1623년 교황으로 즉위한 우르바노 8세가 갈릴레오의 지지자였다. 그는 갈릴레오가 공식 이론으로 지동설을 채택하지만 않는다면 연구와 집필을 할 수 있도록 축복해 주었다.

그 결과물이 바로 1632년 종교재판소의 승인하에 출간된 《대화》였다. 이 책은 코페르니쿠스의 견해를 지지하는 살비아티, 프톨레마이오스의 세계관 측을 대표하는 심플리치오, 중립적 입장인 일반인 사그레도가 며칠 동안 나눈 대화로 구성되어 있다. 그들은 사고실험을 통해 각 측의 다양한 장점에 대해 논쟁한다. 예를 들어, '지구가 움직인다면 어떤 방향으로 발사한 대포알이 반대 방향으로 발사한 것보다 더 멀리 떨어져야 하지 않는가'와 같은 문제를 토론하는 식이다.

갈릴레오는 중립적 입장을 지향하며 이 책에서 다루는 문제가 '가설'이라고 밝혔지만, 책을 읽은 사람이라면 그가 어느 입장에 서 있는지 분명히 알 수 있었다. 얼간이simpleton를 떠올리게 하는 심플리치오Simplicio가 종종 조롱의 대상이 되는 것도 그다지 도움이 되지 않았다. 1630년 갈릴레오가 이 책을 완성했을 때, 본래대로라면 로마 교황청 검열관의 심사를 거쳐야 했다. 그랬더라면 수정 없이는 통과되지 못했을 것이다. 그러나 페스트가 창궐한 덕분에 교황청 대신 피렌체 당국의 검열을 받게 되었고, 이들은 훨씬 관대하게 통과시켰던 것이다.

그러나 교황 우르바노 8세가 심플리치오가 자신의 주장을 대변한다는 소문에 불쾌감을 느끼면서, 일이 더욱 복잡하게 꼬였다. 1633년 갈릴레오는 로마에서 열린 종교재판에 출두했다. 그는 앞서 코페르니쿠스의 학설을 포기하라는 경고를 들었다. 그 경고를 무시한 '불경죄'를 인정하기에 앞서 갈릴레오는 자신이 그 학설을 옹호한 것이 아니라 그저 이론에 대해 토론했을 뿐이라고 주장했다. 그러나 이단 혐의까지 받자 결국 그는 자신의 문제적 신념을 포기할 수밖에 없었고, 이 책은 금서로 지정되었다. 종교재판소는 갈릴레오에게 금고형을 선고했으나, 가택연금으로 감형되어 (처음에는 시에나에 있는 친구의 궁전, 다음에는 토스카나의 시골 별장에서 지냈다.) 여생을 보냈다. 그가 판결을 받고 법정을 나서면서 "그래도 지구는 돈다"라고 탄식했다는 이야기가 전하지만, 허구일 가능성이 높다.

갈릴레오는 여러 면에서 과학사의 거인이자 수학과 이론물리학, 실험물리학을 결합한 과학적 방법으로 해묵은 수수께끼를 풀어낸 개척자다. 종교재판 이후 자연스레 그는 지동설 이론을 언급하지 않았으며 가톨릭 교회는 18세기에 들어서야 《대화》의 출판을 허용했다. 이 책은 1835년에야 금서 목록Index Librorum Prohibitorum에서 공식적으로 삭제되었다. 그 무렵에는 지동설을 둘러싼 논쟁에서 갈릴레오의 승리가 확실해져 있었다. 이제 세상 사람들은 우리 지구가 우주의 중심이 아니라는 사실을 깨닫게 되었다. 그리고 지구가 말 그대로 계속 돈다는 사실도.

1939년, 교황 비오 12세는 갈릴레오를 "과학 연구에 있어서 가장 대담한 영웅 중 하나이며… 길을 막는 걸림돌과 위험을 두려워하지 않고 죽음도 겁내지 않았다"라고 칭했다. 이는 명백한 사실이며, 뒤늦은 인정이었지만 인정하지 않는 것보다는 낫다.

금서 목록

16세기 전반기, 로마 가톨릭 교회는 인쇄술의 발달로 문학작품의 독자층이 확대되고 그 수가 증가하자 금서 목록을 발표했다. 그 목록에는 소설과 철학부터 과학 논문과 정경으로 승인되지 않은 성경에 이르기까지 모든 종류의 작품이 포함되었다. 수천 권의 책이 교회와 사회에 '파괴적'인 영향을 미칠 수 있다는 이유로 블랙리스트에 올랐다. 금서 목록이 공식적으로 폐지된 것은 바오로 6세의 재임 기간이던 1966년이었으며, 시몬 드 보부아르의 《제2의 성》이 검열관들과 문제를 빚은 마지막 현대의 고전이 된 지 불과 5년 만이었다.

29 프린키피아

• 저자 : 아이작 뉴턴 • 창작 연대 : 1687년

보통 《프린키피아Principia》라는 약칭으로 알려진 《자연철학의 수학적 원리Philosophiæ Naturalis Principia Mathematica》는 아이작 뉴턴이 만유인력의 법칙과 세 가지 운동 법칙을 서술한, 세 권으로 구성된 책이다. 이 책은 아인슈타인의 《일반 상대성 이론》과 양자역학의 출현으로 그 보편성에 상처를 입었으나, 여전히 근대 과학적 사고의 핵심이자 주요 텍스트로서 그 지위를 유지하고 있다.

1642년 영국 링컨셔에서 태어난 뉴턴은 그 시대의 가장 위대한 팔방미인이었으며 다양한 분야에서 눈에 띄는 업적을 남겼다. 망원렌즈 개발에 핵심 역할을 했고, 미적분학의 틀을 마련했으며, 심지어 연금술 연구에도 상당한 시간을 투자했다. 그러나 그를 위대한 과학 사상가의 반열에 올린 것은 바로 《프린키피아》였다.

그는 세 가지 운동 법칙을 설명한 이 책에서 이전 과학자들과는 달리 수식으로 공간 내 물체의 움직임을 설명했다. 제1법칙은 관성의 법칙인데, 요약하면 다음과 같다. "불균형한 힘이 가해지지 않는 한, 정지해 있는 물체는 정지 상태를 유지한다. 움직이는 물체는 불균형한 힘이 작용하지 않는 한 등속직선운동을 하는 상태를 유지한다." 제2법칙은 가속도의 법칙으로, 물체가 얻는 가속도는 가해지는 힘에 비례하며 질량이 클수록 가속에 필요한 힘도 커진다는 것이다. 제3법칙은 모든 작용에 대해 크기는 같고 방향은 반대인 반작용이 존재한다는 작용—반작용의 법칙이다. 그는 몇 문장으로 현대 역학의 기초를 확립했다. (학술서는 라틴어로 쓰는 것이 관례였으므로 그도 이 책을 라틴어로 서술했다.)

그러나 인류 역사에 더 큰 영향을 미친 것은 만유인력의 법칙이었다. 이는 우주상의 모든 물체는 보이지 않는 힘으로 서로 끌어당기고 있다는 것이다. 중력 상수에 두 질량의 곱을 곱한 뒤 둘 사이 거리의 제곱으로 나누면 두 질량이 서로 끌어당기는 힘을 구할 수 있다.

뉴턴이 어떻게 이 법칙을 깨닫게 되었는지는 수수께끼다. 나무 아래에 앉아 있다가 사과가 머리 위에 떨어지자 불현듯 깨달았다는 일화가 유명한데, 흥미롭긴 하지만 현재는 근거 없는 이야기라는 견해가 지배적이다. 하지만 뉴턴이 비슷한 상황을 보고서 그에 착안하여 놀라운 결론을 떠올렸을 가능성도 전혀 없지는 않다. 사과가 나무에서 지구로 '끌려' 떨어지는 모습을 보면서, 왜 사과는 땅으로 떨어질 뿐 우주나 다른 방향으로 날아가지 않는지 곰곰이 생각해 보았을 수도 있으니 말이다.

뉴턴이 이 법칙을 발견한 동기는 밝혀지지 않았지만, 이 법칙은 지구와 우주에서 만물이 움직이는 이유를 설명했다. 무엇보다 중요한 것은 코페르니쿠스의 지동설이 사실이라는 것을 수학적으로 증명했다는 점이다. 그는 이 논문을 쓰면서 요하네스 케플러의 행성 관측 자료를 다수 참조했다. 뉴턴은 "내가 더 멀리 보았다면, 그것은 거인의 어깨 위에 서 있기 때문이다"라는 유명한 발언처럼, 자신이 '모든 것의 이론'●을 떠올렸다고 착각하지 않았다. 그는 말했다. "중력은 행성의 움직임을 설명하지만, 무엇이 행성을 움직이게 하는지는 설명할 수는 없다."

《프린키피아》는 1684년 천문학자 에드먼드 핼리가 궤도 운동에 관한 난제를 푸는 데 도움을 요청하자 뉴턴이 작성한 한 편의 논문 〈물체의 궤도 운동에 대하여De Motu Corporum In Gyrum〉에서 시작되었다. 이 논문은 세 가지 운동 법칙의 핵심을 담고 있지만, 만유인력 문제는 다루지 않았다. 《프린키피아》가 발표되자, 뉴턴

● 만물이론(theory of everything). 알려진 모든 물리적 현상과 그 사이의 관계를 설명하기 위한 이론 물리학의 가설.

은 과학계의 슈퍼스타가 되었다.

그는 기사 작위를 받았으며, 수입이 좋은 공직도 주어졌다. 그러나 잡음도 뒤따랐다. 특히 누가 미적분학을 창시했느냐를 두고 독일의 철학자이자 수학자인 라이프니츠와 진흙탕 논쟁을 벌였다. 사실 두 학자 모두 여러 해를 매달려 각자의 체계를 개발했으며, 먼저 발표한 것은 라이프니츠였다. 뉴턴이 라이프니츠보다 먼저 미적분학을 만들어냈다고 인정받기는 했지만, 두 학자가 결과에 이른 방식은 전혀 달랐다. 1716년 라이프니츠가 세상을 떠난 뒤에도 논쟁은 계속 이어졌다. 이 문제는 1726년 뉴턴이 죽을 때까지 그의 뒤를 따라다녔다.

하지만 뉴턴의 갈망대로 《프린키피아》는 걸작으로 자리매김했고 그의 이름은 역사에 새겨졌다. 알렉산더 포프는 그를 위해 감동적인 비문을 써주었다. "자연과 자연의 법칙은 밤의 어둠에 숨겨져 있었네. 신께서 말씀하시길, '뉴턴이 있으리라.' 그러자 모든 것에 광명이 찾아왔다." 2백 년도 훌쩍 지난 뒤, 《프린키피아》의 내용을 근본적으로 재고하게 한 알베르트 아인슈타인도 과학사에 큰 족적을 새긴 뉴턴의 업적에 경의를 표했다. "뉴턴의 시대는 망각의 체에 걸러진 지 오래이며, 불확실한 상황에서 그의 세대가 기울인 노력과 겪어낸 고통을 이제 우리는 기억하지 못한다. 일부 위대한 사상가와 예술가의 작품은 지금까지 전해지며 후대의 우리에게 기쁨과 지식을 준다. 뉴턴의 발견은 이미 당연한 지식의 일부가 되었다."

30

사회계약론

• 저자 : 장 자크 루소 • 창작 연대 : 1742년

《사회계약론Du contrat social》은 프랑스 혁명을 상상하고 불꽃을 피우게 한, 진정한 의미에서 혁명적인 책이었다. 저자 루소는 혁명이 일어나기 10여 년 전에 사망했으므로 자신이 사상적 토대를 마련한 이 역사적 사건을 목격하지는 못했지만, 이 책의 영향력으로 "프랑스 혁명의 아버지"라고 불리게 되었다. 루소의 열혈 추종자 중 하나인 로베스피에르는 일기에 이렇게 표현했다. "지고한 존재여! 내가 나 자신에 대해 제대로 알도록 가르쳐준 건 바로 당신이었습니다. 어릴 적 당신은 내 본성의 진정한 존엄성을 인식하고 사회 질서를 지배하는 큰 원칙을 고찰하도록 이끌었습니다."

1712년 제네바에서 태어난 루소는 위대한 사상가이자 재능

있는 음악가이고 작곡가였다. 젊은 시절에는 수학적 음악 표기법을 개발하기도 했다. 그는 유럽 대륙의 여러 도시를 여행한 뒤 서른 살 무렵 파리에 정착해 곧 문화·철학계의 유명인사가 되었다. 파리는 그의 정신적 고향이었고, 그의 철학에 가장 열렬히 반응한 곳이기도 했다.

루소는 저명한 계몽주의 사상가이자 《백과전서, 혹은 과학, 예술, 공예에 대한 체계적인 사전Encyclopédie, Dictionnaire raisonné des sciences, des arts et des métiers》의 편찬자로 유명한 디드로와 깊은 우정을 쌓았다. 사상가로서 그의 커리어는 1750년 예술과 과학의 윤리적 도움에 대한 논문 대회에서 우승하면서 본격적으로 시작되었다. 그는 이 논문의 주제를 발전시켜 1754년 첫 번째 주요 저작인 《인간 불평등 기원론》을 발표했다. 이 논문에서 그는 '원시 상태'의 인간을 가정하고 불평등이 형성되는 과정을 고찰하며, 원시 상태의 인간은 아직 도덕적으로 부패하지 않았고 "자연에 의해 짐승의 어리석음과 문명인의 치명적인 지식으로부터 자연적으로 똑같이 떨어진 중간에 위치할 때" 유순함을 보인다고 결론지었다.

　루소의 주장에 따르면, 원시인은 시민 사회에서 야수 같은 생명체와 퇴폐적인 현대인 사이의 행복한 중간 지대를 차지한다. 그는 시민 사회가 진보의 동력이 아니라 인간 부패의 동력이라고 주장했다. 만약 시민 사회가 원인이 아니라면 사유재산이 깊은 불평등의 원인이라고 밝혔다.

> 어느 땅에 울타리를 치고 "여기가 내 땅이다"라고 말하면 다른 사람들이 그 말을 믿을 만큼 순진하다는 사실을 알아낸 최초의 사람이 문명사회의 진정한 창시자다. 누군가 말뚝을 뽑거나 도랑을 메우며 "여러분, 저 사기꾼의 말을 듣지 마시오. 이 땅에서 나는 과일은 모두의 것이고, 이 땅도 누구의 소유가 아니라는 사실을 잊는다면 여러분은 파멸할 것이오"라고 외쳤다면, 얼마나 많은 범죄와 전쟁, 살상, 공포와 불행으로부터 인류를 구할 수 있었을까.

　누가 봐도 혁명적인 이 주장에 당시 권력자들은 루소를 위험한 변절자로 여겼다. 1762년, 더 대립적인 주장을 펼친 《에밀 또는 교육론Émile ou De l'éducation》을 발표하자 더 많은 논란이 뒤따랐다. "만물이 그 창조자의 손을 떠날 때는 선하나, 인간의 손에서는 타락한다." 기독교 기본 교리를 반박하며 완전한 종교적 관용을 촉구한 이 책은 파리와 제네바에서 금서로 지정되었다. 그러나 진짜 문제작은 같은 해 발표된 《사회계약론》이었다.

루소는 철학사에서 가장 유명한 인용문으로 시민 사회가 인류를 타락시킨다는 주장을 펼쳤다. "인간은 태어날 때는 자유로웠지만, 어디서나 속박의 상태에 놓여 있다. 자신이 다른 사람들의 주인이라고 생각하는 이들은 실은 더 노예가 되어 있다." 그는 계속해서 왕권신수설에 반대하며 어떤 나라도 다른 나라에 복종을 강요할 권리가 없다고 주장했다. ('힘이 권리를 만들지 않으며, 따라서 우리는 정당한 권력에만 복종할 의무가 있음을 인정하자.')

주권은 여성을 포함한 국민(당시로서는 급진적 주장)에게 있으며, 모든 시민이 정부에 참여해야 한다. 루소는 순수한 민주주의 모델을 상기시키며, 모든 것이 평등하고 공동의 의지에 따라 법이 만들어지는 사회를 촉구했고, 그렇게 함으로써 정의와 평등이 구현될 수 있다고 말했다. 나아가 정부는 국민의 입법부와 별개의 조직이어야 하고, 집행권이 있으나 국민의 의지에 반하는 행위를 한다면 교체할 수도 있다고 주장했다.

당연히 유럽의 강대국들은 루소를 위험한 인물로 취급했고, 그는 그 후 몇 년 동안 망명지를 찾아 유럽 대륙을 떠돌아야 했다. 그리고 자신이 꿈꾸던 시대를 보지 못한 채 1778년 세상을 떠났다. 프랑스 혁명의 사상적 기반을 닦은 영웅으로서 그는 로베스피에르의 공포 정치를 어떻게 평가할까. 어쨌거나 사후 16년이 지난 1794년, 그는 국가의 영웅으로 파리의 판테온에 묻혔다. 20세기에 미국인 철학자 윌 듀런트는 루소에 대해 이렇게 썼다.

> 이 사람은 어떻게 사후에 볼테르를 이기고, 종교를 부활시키며, 교육을 개혁하고, 프랑스의 도덕성을 높이고, 낭만주의 운동과 프랑스 혁명에 영감을 불어넣고, 실러의 희곡과 괴테의 소설, 워즈워드와 바이런, 셸리의 시, 마르크스의 사회주의, 톨스토이의 윤리에 영향을 주었으며, 그리고 그의 사상 전체가 작가들이 과거보다 더 영향력을 발휘하던 18세기의 어떤 작가나 사상가보다 후대에 더 많은 영향을 미치게 되었을까?

🖊 고백록

루소가 쓴 몇 편의 회고록은 사후 《고백록Les Confessions》으로 출판되었다. 이 작품은 근대적 의미에서 진정한 최초의 자서전이며, 비종교인이 자신의 인생을 성찰한 최초의 작품 중 하나다. 이 책은 '고귀한 공주'가 먹을 빵이 없다는 농민들의 말에 "그러면 브리오슈를 주자"라고 한 일화를 자세히 서술한 것으로도 유명하다. 이 일화는 7년 뒤 마리 앙투아네트가 한 말로 왜곡되어 전해지며, 그녀에게 타격을 입혔다.

31

영어 사전

• 저자 : 새뮤얼 존슨 • 창작 연대 : 1755년

1746년 여름, 런던의 서적 판매상, 출판업자, 인쇄업자들은 영어를 풀이한 종합적인 사전을 의뢰하기로 했다. (이 중에는 오늘날에도 활발히 사업을 펼치는 롱맨 출판사의 창업주 토머스 롱맨도 있었다.) 이는 문학사의 획기적인 출판물의 탄생으로 이어졌다. 언어가 무엇이고 그것에 대해 어떻게 생각해야 하는지 인식을 바꾼 것이다.

18세기 영국의 독서계는 크게 변화하고 있었다. 문자 보급률이 높아지고 책, 신문, 팸플릿 등의 제작 비용이 낮아지면서 문자 매체에 대한 수요가 급증하게 되었다. 이제는 훨씬 더 많은 사람이 합리적인 가격으로 읽을거리를 얻을 수 있었다. 그러나 인쇄물이 많아질수록 영어라는 언어는 혼합물이라는 사실이 명확해졌다. 수 세기에 걸쳐 아름답게 진화해 온 이 언어에는 고정불변의 법칙이 부족했다.

글을 쓰는 것이 얼마 전까지처럼 부유층과 성직자 등 일부 소수의 관심사였을 때는 그럭저럭 괜찮았을 수도 있었다. 그러나 이제 대중의 손에 넘어가면서 명확한 규칙에 대한 요구가 생겨났다. 단어의 철자를 어떻게 해야 하는가? 더 근본적인 문제로 넘어가, 각 단어는 어떤 의미이며, 그 의미의 범주는 어떻게 되는가? 이를 문법적으로 어떻게 활용하고 이해해야 하는가?

1746년 모임을 가진 출판계 인사들은 영어의 모든 단어를 총망라하여 질서를 부여하는 프로젝트가 굉장히 방대하다는 사실을 절감했다. 당시에도 사전은 존재했지만 품질이 천차만별이고 신뢰성이 떨어졌으며, 대부분 상당히 특이한 구성이라 (일부는 알파벳 순서가 아니라 주제별로 배열되어 있어서 명확한 설명이 되지 않았다.) 제대로 참고가 되지 않았다. 심지어 어떤 것은 단어를 나열해 놓기만 한 것도 있었다. 따라서 제대로 된 사전이 필요했다.

롱맨과 동료들은 널리 존경받는 작가이자 저널리스트, 시인, 극작가, 전기작가, 평론가인 새뮤얼 존슨에게 접근하기로 한다. 그들은 존슨에게 1,500기니아(오늘날의 가치로 약 25만 파운드)에 사전 편찬 작업을 의뢰했다. 존슨은 작업 기간을 3년 정도로 예상했다. 실제로는 9년 가까이 걸렸지만, 작업의 규모를 생각해 보면 이조차도 매우 빠른 것으로 보인다.

존슨은 런던 고프 스퀘어 17번지에 있는 자택에서 작업했고, 첫해는 사전에 대한 열망을 담아, 제안받은 방법을 상세히 검토하며 계획을 세우는 데 할애했다. 이 프로젝트는 철저히 혼자 진행했다. 작업을 보조할 직원을 몇 명 고용하기는 했지만, 행정적 지원에 국한되었을 뿐이다. 그는 거의 혼자서 언어를 가져와 이를 일정한 기준으로 정리해 분류한 것이다. 그의 후원자였던 체스터필드 백작은 이렇게 말했다. "혼란스러운 시대에는 과거 로마의 방법대로 독재관을 선출해야 한다. 이러한 원칙에 따라, 나는 존슨 씨가 저 위대하며 고된 직책을 맡도록 하는 데 내 표를 던집니다."

이 사전만의 독특한 특징은 모든 단어에 대한 정확한 정의뿐 아니라 이러한 정의를 풀이하는 인용문까지 제시했다는 것이다. 존슨은 학자로서 뛰어난 능력을 발휘하여, 시대를 초월한 여러 작가의 작품을 발췌해 인용문으로 삼았다. 그의 독서 범위가 이루 파악할 수 없을 정도로 깊고도 넓었기에 (그는 책에 주석과 논평을 잔뜩 쓰기로도 악명이 높았다.) 가능한 일이었다. 물론, 유독 더 선호한 작가들이 있던 것도 사실이다. 윌리엄 셰익스피어, 존 밀턴, 존 드라이든, 알렉산더 포프, 에드먼드 스펜서는 특히 자주 인용되었다.

1755년, 4만3천 개 단어의 정의와 11만4천 개의 인용문이 수록된 초판본이 발간되었다. 그는 1면에서 이 사전에 대해 이렇게 설명했다. 영어사전:여기에 수록된 단어는 그 단어가 사용된 원문에서 의미를 추론하고 위대한 작가들의 사례에서 다른 의미를 설명한다. 그 앞에 나오는 것은 영어의 역사와 문법이다. 새뮤얼 존슨 지음. 두 권으로 구성됨.

서문에서 존슨은 "질서 없이 방만하며 규칙 없이 멋대로 사용되는" 이 언어를 "혼잡스러운 부분은 정돈하고 혼동되는 부분은 규칙으로 정리"하려 했다고 설명한다. 그러나 오랜 세월 사전 편찬에 전념하면서 그는 언어는 완전히 길들일 수 없으며 그래서도 안 된다는 진리를 체득했다. 언어는 변화하고 진화하는 것이고, 따라서 그의 일은 그것을 '정확히' 교정하는 것이 아니라 최선을 다해 현재 상태를 기록하는 것이며, 사전 편찬자는 언어를 방부 처리하는 사람이 아니라 기록자라는 사실을 깨달은 것이다.

《사전》은 그 자체로 커다란 고급 종이에 인쇄된 아름다운 공예품이었다. 그러나 보통 사람들이 사기에는 가격이 매우 비쌌으므로 처음 30년 동안 판매된 전체 부수가 1만 부를 넘지 않을 정도였다. 그러나 이 사전의 중요성은 처음부터 널리 인식되어 있었다.

제임스 보즈웰은 저서 《새뮤얼 존슨의 일생Life of Samuel Johnson》에서 "세계는 한 사람이 이루어낸 위대한 업적에 경의를 표했지만, 다른 나라들은 학계에나 필요한 업적일 뿐이라고 생각했다"라고 썼다. (정치인이자 작가인 호레이스 월폴은 존슨의 명성이 '그리 오래가지' 못할 것이며 사전을 편찬하는 것은 '한 사람이 수행하기엔 과도한' 작업임이 증명되었다고 완곡히 말했다.)

존슨의 사전에 특이점과 오류가 없는 것은 아니다. 저자의 사견과 편견이 때때로 돌출되는데, 프랑스어에 어원을 둔 특정 단어들을 평가절하했고 한두 단어는 누락되었으며 영어에는 X로 시작하는 단어가 없다고 단언했다. 이러한 단점이 있었지만, 존슨의 사전은 다른 모든 사전의 표준이 되었고 한 세기 반 뒤에 《옥스퍼드 영어 사전》이 등장하기 전까지는 경쟁자가 없는 독보적 지위를 누렸다. 그리고 《옥스퍼드 영어 사전》은 존슨이 정의한 단어 2천여 개를 거의 수정하지 않고 그대로 수록했다.

《영어 사전》은 빠르게 문화적 보물이자, 영어에 대한 안내뿐 아니라 단어의 힘과 예술 사회의 탐구를 찬양하는 기념물이 되었다. 그 영향은 실용적인 측면에서도 측정할 수 있다. 예를 들어 미국 법원은 헌법 등의 건국 관련 문서에서 제대로 의미를 담은 단어를 선택할 때 존슨의 사전을 사용하면서 수 세기 동안 그 사전에 의지해 왔다. 존슨은 평생에 걸쳐 이 사전의 개정판을 여러 번 제작했지만, 초판이 워낙 완벽해서 추가되는 단어가 거의 없었다는 사실도 유명하다.

존슨은 단어를 정의함으로써 인간에게 의사소통이 갖는 의미에 대한 이해를 재정립했다고 해도 과언이 아니다. 20세기에 존슨의 전기를 쓴 월터 잭슨 베이트는 《영어 사전》에 대해 이렇게 말했다. "학계에서 가장 위대한 단일 업적으로 평가되며 개인이 수행한 가장 위대한 업적일 것이다."

🖋 무슨 의미일까?

존슨은 단어를 정의하는 데서 적잖이 즐거움을 느낀 것 같다. 그가 단어를 정의한 표현을 보면 풍자적이면서도 자신을 웃음의 대상으로 삼는 겸손함과 신랄함 등 여러 모습이 드러난다. 단적인 예로 '사전 편찬자'를 살펴보자. 그는 "사전을 쓰는 작가. 원문을 추적하고 단어의 의미를 상술하느라 바쁜 무해하고 단조로운 일에 매진하는 사람"이라고 정의했다. 동시에, '소비세'는 "상품에 부과되고 일반 재산 전문 판사가 아닌 소비세를 지불하는 사람에게 고용된 비열한 인간이 판결을 내리는 혐오세"라고 풀이했다. 그리고 그의 후원자이며 다소 관계가 어려웠던 체스터필드 백작 필립 스탠호프에 대해서는 신랄하게 정의했다. 존슨은 '후원자'를 '후원하거나 지지하거나 보호해 주는 사람. 보통은 오만하게 지원하고 그 대가로 아첨을 받는 불쌍한 인간을 가리킴'이라고 정의했다. 어이쿠!

32 상식

• 저자 : 토머스 페인 • 창작 연대 : 1776년

1776년 1월, 당시 대영제국 식민지였던 펜실베이니아주에서 가장 큰 도시 필라델피아에서 《상식Common Sense》이 출판되었다. 47페이지짜리 팸플릿 형태의 이 책은 왕실 지배의 불평등에 대해 강한 어조로 비판했고, 출간 후 불과 몇 달 만에, 대영제국 통치에 반기를 들고 일어나 미합중국의 건국을 이루어낸 미국 독립 전쟁의 강력한 촉매제 중 하나가 되었다. 영국의 통치를 비난하는 많은 사람이 여기서 멈추면 안 된다고 생각할 때, 토머스 페인Thomas Paine은 그 생각에 날개를 달아주었다.

페인은 1737년 잉글랜드 노퍽에서 태어나 13세 때 학교를 그만두고 아버지의 코르셋 상점 일을 도왔다. 20세에는 잠시 사략

선私掠船[●] 선원으로 일하다 몇 번의 사업 실패를 겪고 정부의 세금 징수원으로 일했다. 그러나 결국 해고되었고, 이 경험 때문에 그는 영국 정부에 비판적인 시각을 갖게 되었다.

일자리를 얻지 못하자 페인은 1774년 새 출발을 결심하고 아메리카 대륙을 향해 출발했다. 그는 런던에서 벤저민 프랭클린을 만나, 당대 가장 영향력 있는 이 미국인을 설득해 추천서를 받았다. 덕분에 필라델피아에 도착해 기자로 일할 수 있었고 곧 재능 있는 팸플릿 작가라는 영국에서의 명성을 되찾았다.

페인은 미국이 영국 정부의 강경책에 큰 불만을 품고 있다는 사실을 알아챘고, 이 점에 크게 공감했다.

미국인들은 과도한 세금과 영국의 무역 제한 규정이 매우 불합리하다고 생각했다. 이에 식민지 미국인들의 반영 감정은 점차 격화하여 많은 식민지 주민은 자신들의 대표가 참여하지 않은 정부가 부과한 세금은 인정할 수 없다며 거부하고 나섰고, 급기야 그가 도착하기 전해에는 동인도회사에 유리하도록 유통 구조를 변경하자 이에 반발한 이들이 보스턴 항에 정박 중인 선박을 습격하여 차를 바다에 던져버린 것으로 유명한 '보스턴 차 사건'이 일어났다.

● 정부로부터 포획 특허를 받은 개인 선박. 해상 전투와 해상 포획에 참여하여 포획물을 수익으로 삼는다.

　영미 관계에 대대적인 조정이 필요하다는 공감대가 널리 형성되고 있었다. 그러나 본국과의 완전한 단절이 대안이라고 확신하는 사람은 거의 없었다. 그리고 1776년 1월 초, 페인은 "한 영국인이 씀"이라는 서명만으로 《상식》을 발표했다. 벤저민 프랭클린과 또 다른 '건국의 아버지' 벤저민 러시의 지지에 힘입은 페인은 거칠 것 없이 강경한 견해를 펼쳤다.

　다른 이들이 영국 정부와 의회를 향해 맹렬한 비난을 쏟아냈다면 페인은 군주 조지 3세를 겨냥해 비난의 화살을 날렸다. 그는 세습 군주제는 터무니없는 제도이며, 유럽의 실패한 군주제의 수많은 사례가 이를 입증하는 충분한 증거가 된다고 주장했다. 왜 식민지 주민들은 불공정한 세금과 부당한 법을 부과하려는 정권과 화해하려 하는가? 식민지 주민 대부분은 애초에 그런 모든 부당함을 피해 도망쳐 온 것 아닌가?

　"아메리카 이주민의 모국은 영국이 아닌 유럽이다. 이 신세계는 유럽 각지로부터 시민으로서의 자유, 종교적 자유를 찾아 떠나온 박해받는 연인들의 피난처 아니었던가. 이들은 다정히 포용해주는 어머니의 품이 아닌, 잔인한 괴물로부터 도망친 것이다. 그리고 최초의 이민자들을 고향에서 몰아낸 것과 똑같은 영국의 폭정이 사실상 지금도 이들의 후손을 괴롭히고 있다." 그러고는 이제는 벗어나야 할 때라고 주장했다. "지금은 지구상 가장 고귀하고 순수한 헌법을 제정할 기회와 지지가 완벽히 마련된 시기다. 우리에겐 세상을 다시 시작할 힘이 있다." 다시 말해, 재산 소유 여부가 투표권이나 공직에 취임할 전제 조건이 되지 않는 세상을 꿈꾼 것이다.

그의 주장은 굉장히 선동적이었다. 특히 장래의 유명한 독립 혁명가가 되는 이들에게 미친 여파가 매우 컸다. 그러나 페인의 주장은 빠르게 대중의 관심을 얻었다. 이 책자는 미국 독립 전쟁 동안 50만 부 이상이 팔린 것으로 추정되며, 암시장에서 유통된 복사본과 술집이나 회의장에서 열렸던 공개 강독회까지 감안하면 그보다 훨씬 더 많은 사람에게 전파되었다고 볼 수 있다.

페인은 이 책의 제목을 '명백한 진실'이라고 하려 했으나 러시가 '상식'으로 하라고 설득했다. 이 제목이 보통 사람들은 추상적인 정치 논쟁에 몰입하기보다 자신의 감정을 믿어야 한다는 페인의 주요 관심사를 더 잘 반영한다고 판단했기 때문이다. 모국과의 결별이 옳고 그른지 하루 종일이라도 토론할 수 있지만, 어째서 제대로 대우하지도 않는 나라에 머무르려 하는지 그는 화두를 던졌다. "하느님이 보시기에, 지금까지의 왕관을 쓴 악당들보다 정직한 보통 사람 하나가 사회에 더 가치가 있다." 그리고 지금은 식민지의 시대, 곧 "한 나라에 한 번도 일어나기 힘든 특별한 시기"라고 역설했다.

토머스 제퍼슨은 페인을 대중에게 진정으로 울림을 주는 목소리와 언어를 가진, 아메리카 혁명을 대표하는 작가로 여겼다고 한다. 미합중국의 2대 대통령이 되는 존 애덤스도 페인의 영향력을 간파한 인물이었다. 그는 1776년 아내에게 보낸 편지에 이렇게 썼다. "《상식》은 한줄기 계시의 빛처럼 우리의 의구심을 해소하고 선택에 확신을 주기 위해 시기적절하게 등장한 책이라오." 하지만 애덤스는 《상식》의 주장을 경계하는 사람 중 하나이기도 했으며, 같은 해 발표한 《정부에 관한 생각》에서 페인의 주장에 대한 자신의 의견을 밝히기도 했다.

여러 비판에도 불구하고, 페인의 주장이 그 결정적인 시기에 사건의 방향을 결정하는 데 가장 큰 영향력을 발휘했다는 것이 입증되었다. 그의 주장대로 식민지 아메리카는 식민국과 결별했다. 페인의 글은 미국 헌법과 권리장전에 큰 영향을 미쳤고, 페인은 시민권과 인권을 옹호한 위대한 계몽주의자로 역사에 이름을 남겼다.

🖋 네 권리를 알라

페인은 1791년 또 다른 주요 저작 《인권Rights of Man》을 발표하여, 앞서 일어난 프랑스 혁명을 옹호하는 주장을 펼쳤다. 한 해 전 발표된 에드먼드 버크Edmund Burke의 《프랑스 혁명 고찰》에서 펼쳐진 프랑스 혁명에 대한 비판을 반박하는 것이었다. 영국 정부는 페인의 견해가 영국 내 여론 형성에 영향을 미칠까 우려하여 1792년 그에 대한 체포영장을 발부했다. 미국에서 돌아온 그는 프랑스로 도망쳐 격동하는 프랑스 정계에 투신해 활동하다, 결국 1793년 말 파리에서 체포되었다. 그리고 오랜 미국인 동지이자 훗날 미국 대통령이 된 제임스 먼로가 개입한 뒤에야 자유를 얻을 수 있었다. 그는 영국에서 궐석재판을 받고 버크에 대한 명예훼손 선동 혐의에 유죄 판결을 받았으나 고국으로 돌아가지 않은 덕분에 처벌을 피할 수 있었다.

33 국부론

• 저자 : 애덤 스미스 • 창작 연대 : 1776년

《국부의 본질과 원인에 대한 연구An Inquiry into the Nature and Causes of the Wealth of Nations》(원제)는 영국의 아메리카 식민지가 독립 선언하던 바로 그해에 출판되었다. 애덤 스미스Adam Smith의 이 대표작이 미국이 세계 지배자로 부상하는 데 기반이 되는 자유 시장 경제 모델의 청사진을 제시하며 고전주의 경제학의 토대를 이루었다는 점에서 이는 참으로 시기적절한 우연이었다. 스미스는 거의 혼자서 경제학을 주요 학문 분야로 만들고 전 세계 국가에서 자유 시장 체제를 채택하도록 이끌었다.

애덤 스미스는 1723년 스코틀랜드 커크칼디에서 태어나 글래스고 대학교에서 도덕철학을 공부했고 옥스퍼드 대학교에서도 몇 년간 수학했다. 계몽주의 철학에 큰 영향을 받은 그의 세계관은 자유, 이성, 언론의 자유의 원칙에 대한 신념으로 요약된다. 그는 1750년대 에든버러 대학교에서 했던 강의가 좋은 평가를 얻은 데 힘입어 글래스고 대학교의 교수가 되었다. 논리학과 도덕철학을 전공하며, 동료인 스코틀랜드인 철학자 데이비드 흄과 주목할 만한 우정을 쌓았다. 1764년, 스미스는 프랑스로 건너가 볼테르와 교류하며 자신의 대표작이자 1790년 사망한 뒤에 그 영향력이 더욱 확대될 《국부론》을 집필하기 시작했다.

두 권으로 출판된 이 책은 여러 면에서 혁명적인 책이었다. 먼저, 당시 지배적인 중상주의의 정통성에 대한 도전이었다. 당시는 경제 균형을 유지하는 데 정부의 개입이 필요하다고 주장하는 중상주의 사고에 따라 세계 무역은 각국의 경쟁적인 보호주의 정책에 지배되고 있었다. 그러나 스미스는 그러한 보호무역주의를 전면적으로 철폐하면 모든 국가가 이익을 얻을 수 있다고 주장했다.

이러한 사고를 적용하려면 근본적인 전제 조건이 충족되어야 한다. 예로부터 국가의 부는 예컨대 금과 은처럼 부의 축적 수단으로 사용되는 특정 재화의 보유량으로 측정되어 왔다. 그러나 스미스는 국가의 부는 국가의 전체 인구가 거래하는 재화와 서비스의 양으로 더욱 제대로 측정할 수 있다고 주장했다. 왕궁의 금고에 돈이 가득 차 있더라도 국민이 먹을 음식이나 입을 옷, 거주할 주택 등 기본적인 생활 요건을 누리지 못한다면 전혀 의미가 없다는 것이다. "모든 국가의 연간 노동은 그 국민이 연간 소비하는 생필품과 편의품 일체를 공급하는 원천이다." 스미스는 이렇게 썼다. 비록 불완전하지만, 오늘날 국가의 부를 측정하는 지표로 사용되는 국내총생산GDP의 개념을 제시한 것이다.

이러한 개념을 토대로 그는 당시로서는 매우 대담한 주장을 펼쳤다. 이러한 재화와 서비스의 흐름은 정부가 개입하지 않을 때 더 원활하게 이루어진다는 것이다. 즉 관세를 부과하거나 보조금을 지급하면 무역의 자연스러운 흐름이 왜곡된다고 주장했다. 가격이 인위적으로 책정되면 모든 행위자, 특히 빈곤층이 고통을 겪게 된다. 자유 시장 체제하에서 공급자 간 순수한 경쟁을 허용한다면 가장 많은 소비자가 원하고 필요로 하는 재화와 용역이 공급된다. 이 결과는 소비자에 대한 공급자의 호의가 아니라, 시장의 요구를 충족하여 이익을 추구하려는 공급자의 이기적인 욕망에서 비롯된 것이다. 마찬가지로 소비자의 이기심은 개인적 관계와는 무관하게 자신에게 유리한 공급자로부터 구매하게끔 한다. 스미스는 이러한 개념을 다음과 같이 설명했다.

> 모든 개인은 필연적으로 자신이 할 수 있는 최대한으로 사회의 연간 수입을 만들기 위해 노력한다. 사실, 일반적으로 말하면 개인은 공공의 이익을 의도적으로 증진하려 하지 않으며 자신이 얼마나 증진시키고 있는지도 모른다. … 생산물을 최우선 가치에 두고 그런 식으로

산업을 운영하는 것도 자신의 이익만을 목적으로 하기 때문이다. 그리고 이러한 맥락에서 개인은 다른 많은 경우와 마찬가지로 보이지 않는 손에 이끌려 의도치 않은 목표를 달성하게 된다.

그는 자유 시장이 작동하게 하는 보이지 않는 힘을 "보이지 않는 손"이라고 표현했다. 그렇다고 해서 정부가 방관해야 한다는 뜻은 아니다. 그보다는 특정 상황에서 제한된 역할만을 해야 한다고 주장했다. 예를 들어, 의료와 교육 분야처럼 사회의 핵심 기능으로 작용해야 하는 분야에는 자유 시장 경쟁이 적당하지 않다고 보았다. 소비재의 경우처럼 이익 추구를 전제로 하는 수요공급 법칙이 적용될 수 없기 때문이다. 또한 스미스는 규제받지 않는 탐욕의 위험을 간파하고 부적절하거나 방종한 행위를 제재하기 위한 방책으로 과세의 필요성을 역설했고, 자유 시장의 번영에 필수적인 안전한 환경을 조성하기 위해서는 국가가 법적으로 사유재산을 보호해야 한다고 주장했다.

애덤 스미스가 《국부론》에서 논한 내용 대부분은 후대 경제학의 핵심 이론이 되었다. 그는 국가의 이익은 정부가 경제 문제에 개입하는 것이 아니라 개인의 이기심이 노력하게 함으로써 최선의 결과를 얻을 수 있다고 세상을 설득했다. 물론 모두가 그의 의견에 동조한 것은 아니다. 대표적으로 칼 마르크스는 스미스가 장점을 발견한 자유 시장 체제의 단점을 간파하고 반대되는 이론을 펼쳤다. 네 차례 영국 수상을 역임한 자유당 정치인 윌리엄 글래드스턴은 1890년 스미스에 대해 이렇게 말했다. 그는 "우리에게 국내뿐 아니라 다른 나라와의 교류에서 팔다리에 수갑과 족쇄를 채우기보다 자유롭게 두는 편이 훨씬 더 효율적이라는 것을 처음으로 가르쳐 주었다. 그는 위대한 자유무역주의의 교리를 가르치고 세계에 그 교리를 널리 전파한 사람이다."

두 번째 대표작

《국부론》이 위대한 사상가로서 스미스의 명성을 널리 떨치게 한 작품인 것은 확실하지만, 스미스 자신은 그보다 17년 앞선 1759년 출간된 《도덕감정론The Theory of Moral Sentiments》을 더 높이 평가했다고 한다. 도덕철학과 양심을 연구한 이 책에서 그는 인간이 도덕적 판단을 내리는 근원을 고찰하며, 그 근원은 인간이 타고난 사회성과 공감 능력에서 기원한다고 결론 짓는다. 이러한 점에서 개인의 이익을 추구하는 이기심의 증진을 강조하는 후속작과 극명한 대조를 이룬다.

4부

19세기

A SHORT
HISTORY
of
THE WORLD
in 50 BOOKS

34 파우스트

• 저자 : 요한 볼프강 폰 괴테 • 창작 연대 : 1808/1832년

《파우스트Faust》는 2부로 구성된 비극으로 독일 문학의 최고 걸작으로 일컬어진다. 요한 볼프강 폰 괴테가 60여 년에 걸쳐 집필한 이 희곡은 주인공이 속세의 만족을 얻기 위해서 무엇을 타협하는지 살펴본다. 이러한 점에서 《파우스트》는 인류의 보편적인 우화라고 볼 수 있다. 본질적으로 "사람이 온 세상을 얻고도 제 목숨을 잃으면 무슨 소용이 있겠느냐?"라고 마태복음 16장 26절에서 제기한 질문에 대한 탐구다.

《파우스트》 1부는 신과 악마 메피스토펠레스와의 내기로 시작한다. 메피스토펠레스는 고결한 파우스트를 유혹할 수 있다고 주장한다. 파우스트는 세상의 모든 지식을 알기 위해 필사적으로

노력한 사람이었다. 그러나 사실상 아는 게 아무것도 없다는 사실에 절망해 자살을 시도하다가 교회의 종소리에 마음이 움직여 계획을 중단했다. 기분 전환차 산책을 나갔다가 만난 개 한 마리가 집으로 따라와 본 모습을 드러냈는데, 바로 메피스토펠레스였다. 그러고 나서 둘은 운명적인 계약을 맺는다. 메피스토펠레스가 파우스트의 세속적인 욕망을 만족시켜 주지만, 더 이상 원하는 바 없이 그 순간에 안주하고 싶어지면 악마가 그의 영혼을 거두어간다는 내용이었다.

메피스토펠레스는 약속대로 파우스트가 매혹된 이웃집 여인 그레첸(마르가레테)에게 마법을 걸어 구애를 돕는다. 그러나 이들의 연인 관계는 그레첸의 어머니, 오빠, 그리고 갓 태어난 그들 사이의 사생아(그레첸이 익사시켜 살인죄로 잡힘)의 죽음으로 파국을 맞는다. 파우스트는 이 악마의 도움을 받아 그녀를 감옥에서 탈출시키려 하지만, 이제 파우스트의 본모습을 볼 수 있게 된 그레첸은 그의 제안을 거절하고 신의 심판을 받겠다고 한다.

2부는 1부와 별개의 내용으로, 파우스트는 과거와 현재를 오가며 여러 모험을 겪는다. 그는 자신이 추구하는 만족스러운 삶을 찾아 신성 로마 제국 황제의 궁정에서 활약하고, 고대 그리스에서 트로이의 헬레네와 사랑했으며, 현재로 돌아와 전공을 세우고 사업으로 큰 부를 일군다. 노년이 되어 죽음이 다가올 무렵에는 세상사에 환멸을 느낀 상태였지만, 진리와 지식을 탐구하려는 끝없는 노력과 자신보다 우월한 절대적 존재가 있다는 흔들림 없는 믿음으로 천상의 구원을 받는다.

지상에서의 지식과 쾌락을 얻는 대가로 악마에게 영혼을 파는 남자에 대한 이야기인 파우스트 전설은 16세기에 문화적 발판을 마련했다. 이 이야기의 실제 모티브가 된 인물은 15세기 후반부터 16세기 초에 걸쳐 살았던 독일의 연금술사이자 점성술사, 주술사였던 요한 게오르크 파우스트라고 한다. 그는 1540년경 연금술 실험 중 일어난 폭발 사고로 치명적인 부상을 입고 사망했다고 알려져 있다. 엘리자베스 1세 시대의 극작가 크리스토퍼 말로는 이 전설에 살을 붙여 《포스터스 박사의 비극》을 썼다.

괴테는 1772년 초 《파우스트》의 모태가 되는 《우르파우스트》(현재는 원고가 남아 있지 않음)를 집필하고 있었지만, 오늘날 우리가 알고 있는 《파우스트》의 1부가 출판된 것은 1808년이 되어서였다. 2부는 작가가 사망하고 1년이 지난 1832년에 출간되었다. 초고부터 2부 완성본이 나오기까지 걸린 기간을 통해 이 프로젝트의 규모를 짐작할 수 있다. 대부분의 대사가 운문이며 문화·종교·역사·철학 다방면에 걸친 인용과 상징이 사용된 이 작품은 괴테가 필생의 노력을 쏟아낸 역작이었다.

파우스트 전설, 특히 괴테 버전은 문학작품과 오페라부터 발레와 시각 예술에 이르기까지 방대한 예술 작품의 모티브가 되었다. 파우스트가 직면한 실존적 딜레마는 시대를 초월하는 보편적

갈등이지만, 다른 역사적 상황에서 특정한 반향을 일으킬 만큼 다면적이기도 하다. 이는 괴테가 살았던, 유럽 기독교 교회의 교리와 계몽주의 철학 사이에 팽팽한 긴장감이 감돌던 시대의 맥락에서도 볼 수 있다. 행위와 권력의지에 대한 파우스트의 믿음은 프리드리히 니체의 작품에도 영향을 미쳤다. 1936년 무렵, 클라우스 만은 소설 《메피스토》에서 파시즘의 부상으로 형성된 세계정세에 어울리는 이야기로 재구성했다. 한편, 스티븐 빈센트 베네는 대공황 시대를 배경으로 이 이야기를 각색해 《악마와 대니얼 웹스터》(1936)를 썼다. 파우스트의 약속은 이렇게 시대를 초월해 계속해서 반향을 일으키고 있다.

우리 시대의 최대 난관이 기후 변화라면, 지구의 지속적인 안녕에 대한 갈망과 지구를 위험에 빠뜨리는 소비를 통해 우리의 욕망을 충족하려는 열망 사이의 갈등에 파우스트의 계약이 존재한다고 할 수 있다. 우리는 우리가 원하는 것을 얻기 위해 무언가 희생할 마음의 준비가 되어 있는가? 이러한 질문에 직면함으로써 우리는 진정으로 중요한 것이 무엇인지 판단해야 하고, 아마도 그 과정에서 우리 자신이 누구이며, 그리고 그 존재의 이유는 무엇인지에 대해 더 완전하게 이해하게 될 것이다. 괴테의 《파우스트》가 궁극적으로 우리에게 전하려는 메시지는 희망을 잃지 않고 끊임없이 노력한다면 구원받을 수 있다는 것이다.

교차로에서 악마를 만나다

파우스트 전설과 관련된 또 다른 유명한 사례는 1938년 불과 27세의 나이에 세상을 떠난 위대한 블루스 뮤지션 로버트 존슨이다. 이야기는 미시시피의 농장에 살았던 꼬마 로버트가 거장 기타리스트가 되려는 열망을 품은 데서 시작한다. 어느 날 밤, 그는 마을의 교차로에 기타를 가져가라는 지시를 듣고 교차로로 가 인간의 모습을 한 악마를 만났다. 악마는 그의 기타를 튜닝한 뒤 돌려주었다. 악마가 개입한 덕분인지 로버트는 몇 년 후 사인 불명으로 세상을 떠날 때까지 기타의 거장으로 인정받았다. 이는 소문에 불과하지만, 파우스트 신화가 시대를 초월해 인간을 매혹하는 소재라는 것을 증명해주는 이야기이기도 하다.

35

모르그가의 살인

• 저자 : 에드거 앨런 포 • 창작 연대 : 1841년

《모르그가의 살인The Murders in the Rue Morgue》은 저자가 당시 편집자로 근무하던 미국의 《그레이엄 매거진Graham's Magazine》에 처음 발표된 단편소설에 불과하지만, 문학사에 그 이상의 영향력을 남긴 작품이다. 새로운 장르인 탐정 소설을 탄생시켜 세계 문학의 문화를 변화시켰을 뿐 아니라 빅토리아 시대, 대중들을 불안에 떨게 한 범죄라는 '사회적 병폐'에 맞서 이를 극복하는 문제에 대해 관심이 커지는 현실을 보여주고 있다. 계몽주의 이후 세계에서 추리소설 속의 탐정(포의 소설에 등장하는 뒤팽이 최초)은 무질서한 세계에 질서를 부여하며 이성의 승리를 상징하게 되었다.

이 소설의 주인공, C. 오귀스트 뒤팽은 아마추어 탐정이다. 소

설 도입부에서 뒤팽과 이름이 드러나지 않은 화자는 그들의 고향 파리에서 일어난 이상한 이중 살인 사건 소식을 신문에서 보게 된다. 피해자 레스파녜 부인과 그 딸이 모르그가의 자택에서 발견된 사건이었다. 어머니는 다발성 골절을 입고 머리가 잘린 처참한 상태였고, 딸은 질식사한 채 굴뚝에 거꾸로 처박혀 있었다. 더욱 이상한 점은 살인이 문이 잠긴 4층 방에서 일어났다는 점이다. 방 안에는 면도기와 다량의 흰머리, 금화 몇 개가 있었다. 목격자들은 두 사람의 목소리를 들었는데, 한 사람은 프랑스어를 하고 다른 사람은 알아들을 수 없는 언어로 말했다고 증언했다. 뒤팽은 면밀한 관찰을 바탕으로 한 추론, 즉 추리를 통해 사건을 재구성하여 예상 외의 범인을 밝혀낸다.

포는 1809년 보스턴에서 태어나 형식과 장르를 넘나드는 작품 세계로 미국 문학의 중요 작가 중 한 사람으로 떠올랐다. 저명

한 비평가이자 시인이며 명실상부한 당대 최고의 단편소설 작가인 그는 과학소설을 개척한 선구자이며 미국 낭만주의와 고딕소설*을 선도한 대표자였다. 그러나 《모르그가의 살인》을 비롯해 《마리 로제의 비밀》, 《도둑맞은 편지》까지 그가 뒤팽과 함께 누린 성공을 능가하는 작품은 없었다. 포가 "내 추리소설 중 최고 작품일 것"이라고 생각한 것은 《도둑맞은 편지》였지만, 그 청사진을 제시한 작품은 원래 '트리아농가의 살인'이라는 제목이었던 《모르그가의 살인》이었다.

이렇게 소설은 인기를 끌었지만 포는 그와 관련해 한 번도 큰돈을 만져보지 못했다. 그는 《모르그가의 살인》의 판권을 자신이 일하던 잡지사에 넘기는 조건으로 추가로 56달러를 받았는데, 이는 그의 걸작 시 《까마귀》의 출판으로 받은 9달러에 비하면 그나마 많은 액수이긴 했다.

인류 역사에서 문학에 최초의 탐정이 등장하기까지는 상당히 오랜 시간이 걸렸다. 볼테르가 1747년 발표한 《자디그Zadig》의 주인공 자디그가 논리적으로 추리하는 모습에서 뒤팽이 떠오르기도 하지만, 자디그의 지적 능력은 범죄 해결이 아닌 철학적 문제를 사유하는 도구로 주로 사용된다. 이런 점에서 범죄에 관한 글

● 중세의 잔인하고 기괴한 분위기를 중심으로 공포와 신비감을 불러일으키는 소설 양식. 18세기 후반에서 19세기 초까지 특히 유행했다.

이라면 런던의 뉴게이트 교도소의 간수가 제작한 월간지 《뉴게이트 캘린더》 같은 간행물에 실린, 실제 일어난 범죄를 자극적으로 생생하게 서술한 글이 완벽한 예라고 할 수 있다.

윌리엄 고드윈이 1794년 발표한 《칼레브 윌리엄스》에서 주인공은 범죄를 해결하지만, 지적인 추리 과정은 거치지 않는다. 그 대신, 용의자의 감정적 반응에서 죄책감을 인식하여 범인을 특정한다. 포 이전의 문학작품에서 등장인물 중 진짜 탐정에 가까운 인물은 1828년작 《외젠 프랑수아 비도크의 회고록》의 주인공 비도크다. 그는 범죄자에서 경찰 정보원으로 변신하여 프랑스 국립 범죄 수사과장까지 올라 세계 최초 사립 탐정 사무소를 세운 실존 인물이다. 그러나 그의 회고록은 소설로 분류되었고, 비도크가 훗날 해결했다고 주장하는 범죄 중 몇 가지 사건의 배후에 그가 있다는 설도 제기되었다.

하지만 문학작품 속 인물로서의 비도크는 후대 탐정들의 몇 가지 특징을 보여주었다. 단서를 찾기 위해 범죄 현장을 꼼꼼하게 조사하고, 탄도학과 석고 반죽으로 발자국 본뜨기 등 최첨단 법의학 기술을 지지했다. 또한 매우 상세한 범죄 기록을 남겼으며 변장에도 능했다. 독창성을 발휘해 과학적인 방법으로 증거를 조사하고, 지적 사고 활동으로 데이터를 발굴해 범인을 밝혀냈다. 여기에 창의적 상상력이 더해지며 실존 인물을 모델로 한 반\# 허구적인 인물 비도크는 완전한 허구의 인물 뒤팽으로 진화하게 되었다.

일단 포가 수문을 열자 탐정 소설의 흐름을 막을 수 없었으며 이는 오늘날까지 계속되고 있다. 뒤팽에서부터 문학사상 가장 위대한 탐정인 셜록 홈즈에 이르기까지 이어지는 분명한 혈통이 있다. 홈즈를 창조한 아서 코난 도일Arthur Conan Doyle은 편지에 "무슈 뒤팽의 존경스러운 이야기"를 언급하고 포를 "역대 최고의 단편 소설 작가"라고 칭송하며 그의 숭배자임을 자처했다. 코난 도일은 포의 탐정 소설들이 "문학 발전의 뿌리가 되었으며… 포가 숨결을 불어넣기 전까지 탐정 이야기는 어디에 있었을까?"라고 말했다. 홈즈도 그를 세상에 알린 작품 《주홍색 연구A Study in Scarlet》에서 그의 위대한 선조를 인식하고 있음을 보여주는 (신랄한) 발언을 한다. 홈즈는 왓슨에게 말한다. "하지만 내 생각에 말이지, 뒤팽은 나보다 훨씬 못해."

도시화가 빠르게 진행되는 시대에 접어들어, 뒤팽과 (레이몬드 챈들러의 하드보일드 누아르나 애거서 크리스티의 추리물, 그 밖의 여러 하위 장르에 등장하는) 그의 후손들은 독자들이 현실에서는 위축되기 마련인 범죄의 심연을 응시하고 결국 이를 극복할 수 있게 했다. 현대 세계에는 영웅적인 탐정이 필요하고, 뒤팽은 그 길을 제시했다.

🖋 수수께끼의 죽음

1849년 10월 7일, 포는 40세의 나이로 세상을 떠났다. 그러나 그의 죽음은 그가 쓴 어떤 미스터리 소설보다 미스터리하다. 죽기 나흘 전, 그는 볼티모어 거리에서 의식이 혼미한 상태로 발견되었다. 그를 발견한 조셉 워커는 "매우 괴로워하고 있었으며… 즉각적인 도움이 필요한 상태"라고 말했다. 포는 자신이 어쩌다 이런 상태에 이르게 되었는지 설명하지 못한 채 숨을 거두었으므로, 그의 사인은 여전히 논란거리로 남아 있다. 간질부터 매독까지 다양한 질병이 원인으로 제기되었고, 자살했거나 살해된 건 아닌지 의구심을 갖는 이들도 있었다. 심지어 무작위로 유권자를 납치하여 강제로 술을 먹이거나 구타하여 특정 후보에게 투표하게 하는 일종의 선거 사기인 '쿠핑cooping'의 희생자라는 설까지 제기되었다.

36

자유론

• 저자 : 존 스튜어트 밀 • 창작 연대 : 1859년

19세기의 위대한 자유주의 사상가 존 스튜어트 밀은 걸작 《자유론On Liberty》에서 개인과 권위의 관계를 탐구했다. 그는 개인의 행동이 타인의 권리를 침해하지 않는 이상, 어떤 상황에서도 개인의 권리가 존중되어야 한다고 주장했다. "문명화된 사회의 구성원에게 당사자의 의지에 반해 정당하게 권력이 사용될 수 있는 유일한 경우는 다른 사람에게 해를 끼치는 것을 막기 위한 목적일 때뿐이다. 당사자의 물질적 또는 도덕적 이익이라는 것도 충분한 명분이 되지 못한다. … 자기 자신, 즉 자신의 몸과 마음은 그 개인이 주권자인 것이다." 계속해서 뜨거운 논쟁을 불러일으키는 이 논문의 핵심 주장은 정통 자유주의자부터 시민권 운동가, 자유주의자

에 이르기까지 다양한 독자에게 환영받았다.

　1806년 런던에서 태어난 밀은 유명 철학자였던 아버지 제임스로부터 집중적인 철학 교육을 받으며 자랐다. 그는 타고난 천재성을 바탕으로 겨우 세 살에 그리스어를 공부하기 시작했다. 그 시기, 아버지는 언론의 자유, 종교적 관용, 선거 및 사법 개혁 등에 대한 공통된 믿음을 바탕으로 제러미 벤담Jeremy Bentham과 친교를 맺고 지적 동지가 되었다. (십 대 시절에는 프랑스에 있는 벤담 형의 집에서 1년 동안 살기도 했는데,) 이런 환경에서 존 스튜어트 밀은 벤담 사상의 밀접한 영향을 받으며 성장했고 따라서 그가 '최대 다수의 최대 행복'이라는 벤담의 혁신적인 사상인 공리주의를 수용한 것은 당연한 결과였다.

　밀은 16세에 동인도회사에서 일하기 시작하여 30여 년 동안 근무했다. 그러나 그가 진정한 열정을 불태운 대상은 철학이었고, 개인의 자유와 공리주의적 이상을 옹호하는 뛰어난 작가로 역량을 펼쳤다. 1851년 그는 1세대 페미니즘 철학자 해리엇 테일러 밀과 결혼했다. 그녀는 밀의 철학적 사고에 상당한 영향을 미쳤다.

밀은 《논리학 체계》(1843), 《정치경제학 원리》(1848), 《공리주의》(1863), 《여성의 종속》(1869) 등 많은 저술을 발표했지만 《자유론》만큼 파급력이 큰 작품은 없었다, 이 책의 기본 목표는 인류가 '더 높은 수준의 존재 방식'으로 살아가게 하는 것이었다. 그는 사회에서 권력이 어디까지 개인의 자유를 제한할 수 있는지 질문을 던진다. 공리주의 이론을 논리적으로 읽으면 다수의 이익을 소수의 이익에 우선하는 것처럼 보이지만, 밀의 주장은 개인의 자유를 보호함으로써 사회 전체를 위한 최대의 선을 달성할 수 있다는 것이었다.

유능한 사람은 다른 사람에게 해를 끼치지 않는 선까지는 원하는 만큼 자유를 누릴 수 있어야 한다. 그는 자유의 세 가지 기본 영역을 다음과 같이 규정했다. 첫째, 생각과 감정, 그 표현의 자유, 둘째, 자신이 좋아하는 것을 추구할 자유. 설령 그 기호가 어리석고 틀린 것으로 보이더라도 간섭해서는 안 된다. 셋째, 같은 목적을 가진 마음 맞는 사람들과 모임을 결성할 자유다. 이 각 영역에서 타인에게 해를 끼치지 않는 이상 개인의 권리는 보호받는다.

밀은 소위 '타인에게 해를 끼친다는 것의 기준'이 상당히 복잡하다는 점을 인정했다. 예를 들어, 어떠한 '해악'이 지역사회에 이익이 된다면 수용될 수 있다. 새로운 사업가가 등장하면 경쟁자의 이윤을 줄이거나 심지어 시장에서 퇴출할 수도 있지만, 이를 통해 시장의 효율성이 높아져 이익은 증가한다. 그는 또한 수용할 수 없는 부작위acts of omission의 해악(거리에서 부상자를 보고도 돕지 않는 것처럼 아무것도 하지 않음으로써 일어나는 해악)과 수용 가능한 작위 acts of commission(해를 미칠 수도 있지만, 관련된 당사자들이 모두 그 위험을 제대로 인식한 경우라면 용납할 수 있는 행위. 예를 들어, 화재가 났을 때 목숨을 걸고 진압하는 소방관에게 돈을 지불하는 것)가 있을 수 있다는 점을 인식했다. 밀은 이러한 '예외'를 분명히 인정함으로써 자기 견해의 일반성을 증명하고자 했다.

그는 지적, 사회적 영역이 지속적으로 발전하는 데 있어 표현의 자유가 필수 조건이라고 생각했다. 거짓이나 상처 주는 사실에 직면하고 이를 약화하는 것은 모든 의견을 허용할 때만 가능한데, 검열은 진실을 표현할 기회를 박탈하는 것이다. 그리고 다수의 의지를 소수에게 강요하는 성향에도 늘 저항해야 한다고 하면서, 자유 민주주의 사회에서도 이러한 경향이 강하게 나타난다고 보았다.

밀은 《정치경제학 원리》에서 《자유론》의 중심 논제를 경제 세계에 적용했다. 그는 화폐 주조, 공공재와 서비스 제공, 세금 징수, 재산권 보호 등의 역할을 수행하는 제한적인 정부의 개입을 인정하면서, 앞 세대의 애덤 스미스처럼 예외적인 상황을 제외하고 자유 시장이 경제적 결과를 결정해야 한다고 믿었다. 그는 자유방임주의를 구속하려는 것은 "위대한 선이 요구하지 않는 이상, 그것은 악이다"라고 말했다.

1858년 동인도회사가 해체되면서 밀은 직장을 잃었고, 같은 해에 아내와도 사별했다. 그다음 해, 그는 세인트 앤드루스 대학교 총장을 역임하며 자유당 소속 국회의원으로도 활동했다. 이러한 사회활동을 통해 자신의 이론을 실천할 수 있었고 여성의 권리, 아일랜드 토지 개혁, 보편적 교육을 지지하며 급진주의자로 명성을 얻었다. 1873년, 그는 세계적인 자유주의의 상징으로서 세상을 떠났다.

《자유론》의 다음 구절은 그의 사상의 핵심을 담은 비문이나 다름없다.

국가의 가치는 결국 국가를 구성하는 개인에게서 나온다. 국가가 국민의 정신적 성장과 발전에 대해 관심을 기울이지 않고 사소한 행정 능력이나 업무상 세세한 기능의 실천 같은 관행을 중시하며, 이로운 목적일지라도 국민을 국가의 손바닥 위에서 말 잘 듣는 온순한 도구로 만들기 위해 그 국민의 성장을 방해한다면, 이렇듯 미숙한 사람들로는 위대한 과업을 전혀 성취할 수 없는 현실을 목도하게 될 것이다. 그리고 국가가 모든 것을 희생해 가며 얻고자 했던 완벽한 기계는 결국 아무 소용이 없게 될 것이다. 기계가 부드럽게 작동하려면 생명력이 필요하지만, 이를 제거하려 한 탓에 생명력을 잃었기 때문이다.

🖋 영원한 생명을 얻다

1832년 84세의 나이로 세상을 떠난 (밀의 아버지의 오랜 친구이기도 했던) 제러미 벤담은 자신의 시신을 해부용으로 기증했다. 그러나 그의 유언장에는 꽤 이상한 조건이 포함되어 있었다. 자신의 시신을 이른바 '오토 아이콘'으로 만들어 줄 것을 요구한 것이다. 그리하여 그의 시신은 미라화 과정을 거친 뒤 케이스 안에서 생전에 그가 지정한 대로 옷을 입고 포즈를 취한 채 대중에게 전시되었다. 보존 처리 과정의 문제로 머리는 밀랍 모형으로 대체되었지만, 그의 모습은 여전히 유니버시티 칼리지 런던에서 볼 수 있다. 한편, 진짜 머리는 혈기왕성한 학생들의 단골 절도 대상이 되었으며, 현재는 별도의 장소에 보관 중이다.

37

종의 기원

• 저자 : 찰스 다윈 • 창작 연대 : 1859년

과학 연구는 때때로 인류의 집단 지식을 증대시킬 뿐 아니라 한 종으로서 세계 내 인류의 위치를 보는 시각을 단계적으로 변화하도록 유도한다. 19세기에는 진화 생물학을 주제로 한 다윈의 논문 《자연 선택에 의한 종의 기원, 또는 생존 투쟁에서 유리한 종의 보존에 대하여On the Origin of Species by Means of Natural Selection, or the Preservation of Favoured Races in the Struggle for Life》(원제)가 바로 그러한 역할을 했다.

다윈은 각각의 종은 계속해서 생존할 최선의 기회를 확보하기 위해 변화에 적응하면서 세대를 거치며 진화한다고 설득력 있게 주장했다. 즉, 생활환경 조건에 적응해 진화한 생명체는 승리하고 그렇지 못한 종은 멸종하며, 이는 자연선택의 과정이라는 것이다. 그는 자연선택이 지구에 서식하는 생명체의 풍부한 다양성을 책임지는 근본 원리라는 것을 보여주었다. 그러나 교회의 가르침이 절대 진리로서 오랫동안 인간들의 정신세계를 지배해 온 신앙의 시대에, 이러한 주장은 몇 가지 심각한 의문을 제기했다. 특히 기독교 신학 체계와 충돌을 빚었다. 기독교에서는 인간은 창조주인 하느님이 복잡한 특성을 부여해 만들었으며, 동물과 별개의 종이라는 입장을 견지했는데, 다윈은 창조의 문제가 그보다 복잡하다고 주장하고 나선 것이다.

다윈은 몇 년 동안 검토와 교정을 거듭한 끝에 이 논문을 세상에 내놓았다. 그의 주장은 이전 세기 다른 과학자들이 소개한 이론들의 핵심을 기반으로 했다. 18세기, 조르주 뷔퐁이 공통 조상에서 파생된 종의 변종에 대한 아이디어를 생각해냈고, 다윈의 할아버지 이래즈머스 다윈과 박물학자 장 바티스트 라마르크도 여러 세대에 걸친 종의 변이를 논의했다. 다윈은 토머스 맬서스의 인구 증가 이론에도 영향을 받았는데, 이는 생존경쟁의 본질에 대한 그의 생각과 일치했다.

다윈은 처음에는 의학을 공부했지만 곧 자신이 진정으로 연구하고 싶은 분야는 자연과학이라는 것을 깨달았다. 1830년대, 그는 HMS 비글호를 타고 약 5년간 전 세계를 탐험하며 《종의 기원》의 토대가 될 자료와 데이터를 수집했다. 1839년, 이 항해 동안 쓴 일기가 《비글호 항해기The Voyage of the Beagle》로 출판되면서 그는 빅토리아 시대 사회의 유명인사가 되었다.

비글호 항해를 하면서 다윈은 종의 특성이 고정된 것이 아니라 적응을 통해 변화하는 것이 아닐까 의심을 품게 되었다. 그러나 자신에게 쏠린 관심이 높다는 사실을 잘 알고 있었으므로, 신중히 이론을 발전시켜 1842년에야 35페이지 분량의 첫 번째 논문 초록을 썼다. 그리고 이후 몇 년간 이 이론을 확장하여 200페이지 분량의 논문으로 정리했다. 그 무렵, 로버트 체임버스가 발표한 책을 통해 종의 변이에 대한 개념이 대중화되었다. 그의 이론은 훗날 다윈이 세상에 내놓게 되는 이론보다 좁은 범주를 다루긴 했지만, 다가올 변화의 길을 닦기에는 충분했다.

한편, 다윈은 더 많은 데이터를 수집하는 데 전념했다. 진화의 지표를 파악하기 위해 수년 동안 따개비를 연구한 끝에 따개

비 분야의 세계적인 권위자가 되었고, 비슷한 맥락에서 비둘기 사육 전문가로 변신할 정도였다. 1850년대 중반, 그는 발산진화의 동력으로 자연 선택을 이론화하는 데 전념했다. 그러나 그 분야에 새로운 선수가 등장해 있었다. 박물학자 앨프리드 러셀 월리스Alfred Russel Wallace도 이 주제로 논문을 준비 중이었던 것이다.

1858년, 둘은 서로 연락을 주고받은 뒤 자신들의 연구가 완전히 일치하지는 않아도 비슷한 방향을 향하고 있다는 것을 확인했다. 자신의 오랜 연구가 선수를 뺏겨 무위로 돌아갈 수도 있다는 두려움에 다윈은 논문을 공동 출판, 발표하는 데 동의했다. 그러나 이들의 논문은 과학계 밖에서는 그다지 주목을 받지 못했다. 이제 《종의 기원》을 완성하는 데 전력투구한 다윈은 그다음 해 '자연 선택'이라는 놀라운 이론을 세상에 내놓았다.

각각의 종에서는 생존할 수 있는 것보다 많은 개체가 태어난다. 그 결과로 계속해서 생존 투쟁이 일어나는 것이다. 이로 인해 복잡하며 때때로 변화하는 생활 조건 아래에서 아무리 사소하더라도 어떤 방식으로든 그 개체에 유리한 변이가 나타난다면 어떤 개체든 생존에 더 유리한 기회를 갖게 되고, 이에 따라 자연에 의해 선택될 것이다. 그리고 이렇게 선택된 변종은 유전이라는 강력한 원리에 따라 새롭게 변화된 형태를 번식시킬 것이다.

그야말로 혁명적인 주장이었다. 특히 자연이 생존하고 번영하기 위해 진화한다면 하느님이 세상을 좌우한다는 생각은 어떻게 설명해야 할까? 그리하여 다윈은 그 선을 넘지 않고자 신중히 행동했다. 자신의 이론을 인류에까지 확대하여 적용하지는 않았던 것이다. 하지만 마지막 장에서 "인류의 기원과 역사를 이해하는 데 빛이 비칠 것이다"라며 자신의 견해를 유추할 수 있도록 에둘러 표현하며 덧붙였다. "처음에 몇 가지 또는 하나의 형태로 숨이 불어넣어진 생명이 이 행성이 불변의 중력 법칙에 따라 회전하는 동안 여러 가지 힘을 통해 처음의 단순한 형태로부터 아름답고 경이로운 형태로 끝없이 진화하고 있다는, 생명에 대한 이러한 시각에는 장엄함이 담겨 있다." 그리고 2판부터는 "숨이 불어넣어진" 앞에 "창조주에 의해"를 덧붙였다.

"내 견해에 편견이 더해지는 것"을 염려한 다윈은 1871년이되어 《인간의 유래와 성 선택The Descent of Man, and Selection in Relation to Sex》에서 인류 진화에 대해 공개적으로 견해를 밝혔다. 그 무렵에는 다윈의 진화론이 널리 받아들여진 상태였다. 물론 모두가 신뢰한 것은 아니었지만 말이다. 다윈이 숭배한 과학자 존 허셜은 진화론을 "뒤죽박죽 법칙"이라고 일축했다. 여기에 인종 우월주의와 우생학 이론을 정당화하기 위해 '적자생존' 개념을 지지한 '사회적 다윈주의'*옹호자들처럼 자신들의 목적을 위해 다윈의 이론을 오용한 이들에 의해 더 큰 피해를 입었다. 그러나 이처럼 부정적 여파에도 불구하고, 다윈의 진화론은 한 세기 반 이상 자연과학의 이론적 토대를 이루고 농업, 의학, 컴퓨터 과학 등 다양한 분야로 확산하면서 그 신뢰성을 입증했다.

정설에 도전하다

1925년 테네시주 데이턴에서 열린 일명 '스코프스—원숭이 재판'은 다윈의 연구에 담긴 근본적인 사회적, 종교적 함의를 보여주는 유명한 사례다. 이 재판에 회부된 사람은 주의 법을 위반하고 인간의 진화를 가르친 혐의로 기소된 고등학교 교사 존 스코프스였다. 그는 처음에는 유죄 판결을 받았지만, 이후 2심에서 법리적인 내용을 근거로 평결이 뒤집혔다. 사실 이 재판은, 종교적 가르침이 과학 지식의 확장에 대응해야 한다고 믿는 장로교 교회와 성경의 말씀이 항상 우선시되어야 한다고 믿는 사람들 사이의 긴장에 주의를 촉구하려는 의도에서 스코프스가 스스로 고소하며 시작된 것이었다.

● 사회진화론이라고도 한다.

38 린다 브렌트 이야기

• 저자 : 해리엇 제이콥스 • 창작 연대 : 1861년

도망친 노예가 익명으로 발표한 자서전 《린다 브렌트 이야기 Incidents in the Life of a Slave Girl》는 1861년 출판되어 잔잔한 센세이션을 일으켰다. 저자 제이콥스는 작중 린다 브렌트라는 이름으로 노예로서의 시간과 자신과 아이들의 자유를 위해 투쟁한 이야기를 풀어놓는다. 제이콥스는 여성의 관점에서 노예제의 공포를 전달하여 더 많은 백인 여성들이 노예제 폐지 운동에 참여하도록 이끌어내고자 했다. 시간이 지나며 이 작품은 거의 잊혔지만, 노예제 폐지 운동뿐 아니라 페미니즘 문학의 고전으로도 평가받는다.

1813년 노스캐롤라이나주 이든턴에서 태어난 제이콥스는 어린 시절, 여성 주인에게서 글을 읽고 쓰는 법을 배웠다. 노예들이

+ 225 +

교육의 기회를 얻을 수 없던 당시로서는 극히 드문 행운을 누린 셈이었다. 그러나 12세를 기점으로 그녀의 삶은 끝없이 추락했다. 주인의 죽음으로 다른 노예주에게 팔려가 성적 학대를 당했고, 그녀에 대한 새 주인의 관심으로 주인의 아내가 분노하면서 상황은 더욱 복잡해졌다.

제이콥스는 십 대 때 자유인 신분의 흑인 남성과 사랑에 빠지지만, 당시 주인의 방해로 헤어졌다. 그 후 백인 변호사와 관계를 맺고, 그와의 사이에서 두 아이를 낳았다. 겨우 십 대의 나이였다. 아들과 딸 역시 그녀의 신분을 따라 노예가 되었고, 주인은 가혹한 취급을 이어나갔다. 그녀의 (동생 존까지 포함해) 아이들을 친척의 농장에 보내며 그들을 다른 주의 노예주에게 팔아넘겨 그녀와 영원히 헤어지게 하겠다고 맹세할 정도였다.

1835년, 제이콥스는 노예 상태에서 벗어나기로 결심했다. 그녀는 이 위험천만한 계획을 실행에 옮겼으며, 늪지대에 숨어 있다가 '다락방'이라고 부른 그녀 할머니 집 위의, 겨우 기어다닐 만한 아주 작은 공간에 몸을 숨긴 채 7년을 보냈다. 그녀는 그곳에서 많은 시간을 성경과 신문을 읽으며 보냈다. 그 사이 남동생은 가까스로 주인에게서 탈출하여 보스턴으로 가는 길을 찾았고, 아이들은 아버지인 변호사가 개입하여 주 밖으로 팔리는 것은 막았지만 여전히 노예 상태였다.

좁은 다락방에서 7년을 보낸 뒤, 필라델피아를 거쳐 뉴욕으로 도망친 제이콥스는 인생의 다음 장을 시작했다. 뉴욕에서 그녀는 (당시 가장 원고료를 많이 받던 잡지사 기자이자) 작가인 너새니얼 파커 윌리스의 아내, 메리 스테이스 윌리스에게 유모로 채용되었다. 전 주인이 계속 그녀를 추적하고 있었지만, 그녀는 그를 피해 당시 노예제 폐지 운동의 중심지 보스턴에서 남동생과 함께 지냈고 다시 윌리스 가족과 함께 잉글랜드에도 갔다.

1852년, 그녀를 되찾겠다는 전 주인들의 위협에 다시 시달리던 중, 아내와 사별한 뒤 재혼한 너새니얼 파커 윌리스의 새 부인이 그녀에게 자유를 주었다. 이 무렵, 남동생 존은 뉴욕에서 윌리엄 로이드 개리슨이 이끄는 노예제 폐지 운동을 함께하며 에이미와 아이작 포스트라는 두 저명인사와 함께 지내고 있었다. 존과 에이미는 제이콥스에게 인생 이야기를 글로 써보라고 설득했다.

반反 노예제 개념에 몰두한 제이콥스는 당시의 감정을 이렇게 표현했다. "내 마음이 계몽되어 갈수록 나 자신을 재산으로 생각하기가 점점 더 어려워졌다." 그녀는 1853년부터 1858년까지 다시 한번 윌리스 가족의 유모로 일하면서 《린다 브렌트 이야기》를 썼다. 책을 출판해 줄 출판사를 찾기까지 2년이 더 걸렸지만, 1861년에 이 책은 마침내 시장에 나오게 되었다.

이 책이 노예 출신이 쓴 최초의 책은 아니다. 그보다 앞선 1840년대에 《프레드릭 더글러스의 생애》라는 자서전이 출간되어 엄청난 성공을 거두었다. 그러나 여성 노예로서 겪은 생생한 경험담 덕분에, 이 책은 다른 책들과 차별화되는 깊이를 지녔다. 그녀는 성적 학대를 비롯해 자신이 당한 잔인한 취급이나 백인 가부장제에 순응하기를 거부함으로써 겪게 된 수많은 끔찍한 경험을 회피하지 않고 서술했다. 종교와 교회처럼 의견 분열의 가능성이 있는 주제도 다루었다. 특히 많은 노예의 깊은 기독교 신앙을 강조하며, 이를 소위 신을 두려워하는 노예주들의 위선적인 행위와 대비시켰다. (그녀의 할머니는 노예로서 자신들의 운명은 하느님의 뜻이니 순응하고 받아들여야 한다고 했다.)

《린다 브렌트 이야기》는 처음부터 긍정적인 평가를 받으며 미국 전역의 노예제 폐지론자들의 네트워크를 통해 입소문을 타 상당한 독자층을 확보했다. 이 책이 영국에서 출판되자《런던 데일리 뉴스》의 한 평론가는 제이콥스를 "자유를 향한 투쟁의 인내와 끈기"를 대표하는 "영웅적인 여성"이라고 표현했다.

이 책을 읽은 사람이라면 누구나 노예제의 참혹함을 통감할 수밖에 없었다. 이 책은 프레드릭 더글러스의 작품과 함께 노예제 폐지론자들의 주장을 뒷받침할, 매우 강력한 당사자의 1차 진술이 되었다.

그러나 이 책에 쏟아진 관심은 금세 사라졌다. 여기에 제이콥스가 글을 읽고 쓸 줄 안다는 점, 그리고 (당시 상업적 취향을 반영한) 생생한 극적 묘사로 이야기를 풀어가는 필력에 의심의 눈초리가 쏟아졌다. 이 책이 자전적 스토리라는 사실을 믿지 않는 사람도 있었고, 제이콥스가 실제로 쓴 것이 아니라는 의견까지 팽배했다. 최근 들어 다양한 자료를 토대로 학자들이 실제로 그녀가 쓴 이야기라는 것을 입증하면서 이러한 의심이 벗겨질 수 있었다. 이렇게 의심의 대상이 된 것은 제이콥스의 뛰어난 필력과 그녀가 견뎌낸 공포 때문이었다. 그녀를 비판하는 이들은 이 책의 이야기가 사실이라는 것을 믿고 싶지 않았던 것이다. 하지만 부끄럽게도 이 모든 것은 사실이었다.

이 작품은 문학의 광야에서 오랜 세월을 보낸 후, 페미니즘과 민권운동의 등장에 힘입어 1960년대에 르네상스를 맞이했다. 합법이었던 노예제도는 이제 과거의 뒤안길로 사라졌지만, 억압받는 이를 대변하는 작가의 목소리는 계속해서 울려 퍼지고 있다. 자신이 이 책을 쓴 동기에 대해 말했듯 말이다. "독자들이여, 내가 겪은 고통을 털어놓고 나를 향한 동정심을 불러일으키려고 이 책을 쓴 것은 아니다. 여러분의 마음에 속박에서 벗어나지 못한 채 고통받고 있는 내 자매들을 향한 연민의 불꽃을 밝히기 위해서다."

톰 아저씨의 오두막

제이콥스가 이 책을 출간하기 몇 해 전, 해리엇 비처 스토가 《톰 아저씨의 오두막 Uncle Tom's Cabin》으로 엄청난 상업적 성공을 거두었다. 아마도 19세기의 베스트셀러 소설일 것이다. 백인 노예제 폐지론자인 스토는 수많은 증언을 토대로 이 책을 썼으며, 이 책은 미국이 남북전쟁을 향해 치닫고 있던 시기, 노예제에 대한 백인 미국인들의 견해를 근본적으로 바꾸는 데 기여했다고 인정받는다. 그러나 인종적 고정관념의 틀을 벗어나지 못하여 오히려 유색인종에 대한 백인들의 여러 편견을 강화하는 역할을 했다고도 볼 수 있다. 오늘날 '톰 아저씨'는 타인에 대한 복종을 당연시하는 노예근성에 젖어, 자신의 문화적 정체성을 저버리는 사람들을 모욕적으로 표현할 때 사용된다.

39 자본

• 저자 : 칼 마르크스 • 창작 연대 : 1867~1883년

《자본Das Kapital》은 명실상부한 칼 마르크스의 대표 저서다. 대부분 그의 사후에 출판되었지만, 그의 생전에 발표된 1권 《정치경제학 비판Critique of Political Economy》은 1848년 프리드리히 엥겔스와 공동 집필한 《공산당 선언The Communist Manifesto》과 더불어 20세기 역사에 큰 한 획을 그은 사회주의 혁명의 동력이 되었다. 《자본》의 핵심 주제는 자본주의가 노동의 착취를 통해서만 번영한다는 것이며, 마르크스는 그 역사적 환경을 추적하여 자본주의가 작동하는 메커니즘을 탐구하고자 했다.

　마르크스는 1818년 프로이센에서 태어나 독일의 여러 대학교를 거치며 법과 철학을 공부한 뒤 1840년대에 아내와 함께 파

리로 이주했고, 파리에서 추방되자 런던으로 망명했다. 급진적인 사회주의를 지지하는 그는 헤겔에게 깊은 영향을 받아, 존재는 고정된 실체가 아니라 역사적 변화의 과정이라고 믿었다. 그리하여 사회경제적 관점에서 인류의 역사 발전을 4단계로 규명했다. 첫 번째 단계였던 원시 공산제 사회는 고대 노예제 사회로 대체되고, 중세 봉건제 사회를 거쳐 근대 자본주의 사회가 등장했다는 것이다. 그리고 공통적으로 모든 단계는 하나의 사회 집단이 지배하며 각 단계는 그 집단이 다른 집단에 의해 축출되는 폭력을 통해 이행된다고 설명한다. 그리고 이런 식으로 자본주의 사회가 공산주의 사회로 전환될 것이라고 예측했다. 그는 이러한 사고를 《공산당 선언》에서 이렇게 밝혔다. "지금까지 존재한 모든 사회의 역사는 계급 투쟁의 역사다."

《공산당 선언》이 미래에 대한 마르크스의 비전을 제시하고 무력 투쟁을 촉구했다면, 《자본》은 깊이 있고 때로는 난해하기까지 한 역사학과 경제학, 사회학적 분석의 조합을 통해 그 비전에 지적 무게를 더하려는 시도였다. 그러면서 상품의 본질, 자본 축적, 경기순환, 임금노동(즉 노동자와 고용주의 관계), 잉여가치론(즉 노동자가 받는 임금 이상으로 노동하여 형성되는 가치) 같은 이론의 영역으로 들어간다.

마르크스에 따르면 자본주의는 필연적으로 노동력을 착취하며, 이는 곧 사회 전체의 시스템을 불안정하게 만든다. 노동자(프롤레타리아)는 자신들의 노동으로 생긴 이윤에 접근할 수 없기 때문에 계속 가난한 상태에 머무른다. 사회 구조적으로 이러한 과정이 반복되면서 노동은 삶의 질을 떨어뜨리는 자동장치에 지나지 않게 된다. 그러나 노동자들은 잉여가치의 순환을 촉진함으로써, 자신들을 속박한 그 제도를 영구화한다.

한편, 생산 수단은 자본가 계급(부르주아)의 손에 집중되어 있으며, 프롤레타리아 계급의 증가에 비례해 감소한다. 자본가 계급은 정복과 약탈의 역사에 뿌리를 둔 기득권에 의해 타인의 노동으로 얻은 이윤을 가져갈 수 있다. 부르주아 계급이 발전된 기술의 혜택으로 적은 수의 노동자로도 더 큰 이윤을 얻으면서, 실업자와 환멸을 느낀 프롤레타리아 구성원이 증가하게 되고, 부르주아 계급의 전복과 자본주의의 붕괴라는 필연적 결과를 맞이하게 된다. 이렇게 인간 존재를 규정하는 사회경제학적 변화 주기의 다음 단계로 나아간다.

마르크스는 자신이 예언한 사회 변화를 직접 목격할 수 있다는 큰 희망을 품고 있었다. 1848년 유럽은 프랑스, 프로이센, 이탈리아, 오스트리아—헝가리 제국에서 일어난 혁명의 광풍에 휩싸여 있었다. 마르크스가 고대하던 순간이 온 것 같았지만, 이 혁명들은 곧 하나둘 진압되었다. 역사의 순간을 보기 위해 직접 그 현장을 찾아갔던 마르크스는 역사가 G.M. 트리벨리언이 "현대사가 전환하는 데 실패한 현대사의 전환점"이라고 한 1848년 혁명의 결과에 크게 실망했다.

마르크스는 런던으로 돌아와 《공산당 선언》에서 제시한 사상에 살을 붙여 《자본》을 집필했다. 총 세 권으로 구성된 이 대작의 1권은 1867년 출간되었지만, 2권과 3권은 1883년 그가 세상을 떠날 때까지 발표되지 못했고 그의 오랜 친구 엥겔스가 마르크스가 남긴 원고를 정리하여 출판했다. 그러나 마르크스가 부르짖은 구호 "전 세계의 노동자여, 단결하라!"가 실현되기까지는 수십 년이 걸려야 했다. 1917년, 러시아는 마르크스가 예언한 대로 볼셰비키가 부르주아를 타도하고 세계 최초의 공산주의 국가를 수립했다. 그리고 20세기에 전 세계적으로 많은 국가가 그 뒤를 따랐는데, 그중에는 세계에서 인구가 가장 많은 중국도 포함되어 있었다. 그러나 마르크스가 꿈꾸던 이상 세계를 구현한 나라는 없었으며 민중의 불만, 빈곤, 지도자 숭배, 폭정이 혼재된 현실이

펼쳐졌다.

오늘날 '마르크스주의자'라는 표현은 실패한 정치 철학을 아우르는 용어가 되었으며 정치적 우파가 자신들과 반대되는 신념을 가진 이들을 비방할 때 주로 사용한다. 20세기의 마르크스주의는 대중에게 사회·경제적 정의를 구현하겠다는 약속을 지키는 데는 실패했지만, 세상을 근본적으로 변화시키는 움직임을 낳았다. 또한 마르크스주의가 대안이 아니라 해도, 불평등이 증가하고 호황과 불황의 파괴적인 순환이 일어나는 이 세계에서 규제 없는 자본주의가 과연 그 대안이라고 할 수 있을까. 마르크스는 자본주의의 해결책을 찾지는 못했지만, 문제점은 찾아냈다.

엥겔스가 없었다면

1821년 프로이센에서 태어난 프리드리히 엥겔스는 마르크스와의 관계에서 후배이자 동료로 여겨지는 경우가 많다. 어쨌거나 우리 후대인들은 '마르크스주의'라고 하지, '엥겔스주의'라고 부르지는 않으니 말이다. 그렇지만 부유한 제분소 아들로 태어나 언론인으로 활동한 그는 분명 역사적으로 상당히 중요한 인물이며, 마르크스의 《자본》에도 많은 부분 기여했다. 1848년 혁명이 실패한 후 마르크스는 런던에서 돈 한 푼 없이 곤궁한 삶을 살았다. 엥겔스의 지원이 없었다면 그의 운명은 혼란에 빠졌을 것이고, 《자본》도 세상의 빛을 보지 못했을 것이다.

40

전쟁과 평화

• 저자 : 레프 톨스토이 • 창작 연대 : 1869년

세계 문학사에서 가장 위대한 소설 중 하나로 평가되는《전쟁과 평화War and Peace》는 1812년 나폴레옹 침략 전후 시대 러시아 귀족 가문들의 이야기를 다룬다. 톨스토이는 자신의 책에 대해 "소설도 아니고, 하물며 시도 아니며, 역사적 연대기는 더욱 아니다"라고 말했다. 이 작품은 사실적인 문체로 쓰였지만, 이 세 가지 요소를 모두 담고 있다. 규모 면에서는 서사시이고, 실존적 불안을 묘사한 소설이며, 격동하는 세계 역사를 탐구한 연대기이기도 한 것이다. 톨스토이는 폭넓은 등장인물들을 통해 전쟁, 정치·사회적 격변, 정신적 불확실성의 압박 아래에서 개인이 어떻게 반응하는지 고찰한다. 출간된 지 한 세기 반이 지났지만, 이 작품은 불확실

한 세상에서 인간으로서 어떻게 살아가야 하는지와 그 과정에서 겪는 흥망성쇠를 이야기하는 기념비적인 문학의 성취로 우뚝 서 있다. "행복의 순간을 붙잡아라. 사랑하고 사랑받아라! 그것만이 세상의 유일한 진실이며, 나머지는 모두 무의미하다." 그는 책에 이렇게 썼다.

톨스토이는 그가 작품에서 서술한 사건들로부터 얼마 지나지 않은 1828년에 태어났다. 귀족 가문에서 태어난 그는 다소 방탕한 청년 시절을 보냈다. 1851년에 상당한 도박 빚을 지고 군에 입대하여 크림전쟁의 여러 전투를 목격했으며, 약 1년에 걸친 세바스토폴 포위전에도 참전했다. 군 복무 중 공을 세워 인정받았지만 전쟁의 경험은 그의 정신에 깊은 상처를 남겼다. 그는 제대 후 유럽 전역을 여행하며 근본주의적인 기독교 신앙에 뿌리를 둔 급진적인 시각을 갖게 되었다. 다양한 아나키즘 견해를 옹호하며 정부의 합법성에 의문을 제기했고, 유명한 평화주의자이자 비폭력주의자였다.

간디는 톨스토이에 대해서 "그는 폭정을 제거하거나 개혁을 이루기 위해 사용되어 온 폭력적 방법을 악에 대해 무저항하는 방법으로 대체하는 데 인생을 헌신했다. 그는 폭력에서 표현되는 증오를 자기 고통에서 표현되는 사랑으로 대체하고자 한" 인물이었다고 말했다.《전쟁과 평화》를 집필할 당시에는 이러한 사고가 완전히 정립된 상태는 아니었지만, 군대에 있던 시절부터 그는 방탕한 젊은 귀족들과는 거리가 멀었다.

《전쟁과 평화》는 1805년 상트페테르부르크에서 시작된다. 서유럽을 정복한 나폴레옹이 동쪽으로 관심을 돌리며 위기감이 고조되던 시기였다. 이 책은 어떤 의미로는 문화의 충돌, 다시 말해 나폴레옹과 차르 알렉산드르라는 대조적인 지도자의 지배를 받는 두 위대한 문명의 충돌에 관한 이야기라고 할 수 있다. 이에 어울리게, 이야기는 엄격한 신분 질서와 귀족 사회의 상징인 사교계의 중심인물이 주최하는 파티에서 시작된다. 그러나 금세 이 소설의 수많은 등장인물이 역사의 조류에 휩쓸려 떠내려온 부유물에 불과하다는 사실이 드러난다. 톨스토이의 말을 빌리면 "자유의지에서 비롯된 것으로 보였던 영웅들의 모든 행위도 역사적 의미에서는 자유로운 것이 아니라 역사의 흐름과 관련되어 있으며, 태초부터 운명지어져 있던 것이다."

이 소설에는 시민부터 군인, 농민에서 귀족까지 6백여 명에

달하는 각계각층의 인물들이 등장하지만, 가장 잘 알려진 것은 귀족층 인물들이다. 주인공 격인 중심인물은 부유하지만 사교적이지 못한 성격을 가진 백작의 사생아 피에르 베주코프(부분적으로 톨스토이 자신의 모습을 투영한 인물)와 그의 가장 친한 친구이며 가족을 떠나 나폴레옹 전쟁에 참전하는 안드레이 볼콘스키 공작, 어린 시절부터 이 두 사람과 가까이 지내며 자란 친절하고 아름다운 귀족 가문의 딸 나타샤다.

러시아 독자들에게 이 소설은 민족정신으로 흡수되었다. 톨스토이가 생생히 묘사한 처참했던 보로디노 전투를 정점으로 러시아가 결국 서쪽 침략자를 물리친 이야기는 지금도 러시아인의 마음에 깊이 뿌리내리고 있다. 이 책은 제2차 세계대전 중에 소련군에 배포되었는데, 많은 병사들이 자신이 직접 목격한 전투 장면보다 소설 속 전쟁 묘사에 더 감동했다고 한다. 이러한 맥락에서 동서 진영 간의 지속적인 긴장을 이해하는 데 《전쟁과 평화》는 괜찮은 시작이 될 수 있다.

하지만 이 책의 보편성은 러시아로부터 멀리 떨어진 곳에서도 빠르게 찬사를 이끌어냈다. 총 361개 장으로 구성된 이 소설은 무도회장부터 전쟁터를 배경으로 영광스러운 삶을 묘사한다. 이 소설을 읽으면 자연스레 앞으로 펼쳐질 일과의 연관성을 느끼게 된다. 톨스토이가 "인간의 모든 삶이라는 위대한 주제를 다룬 괴물"이라는 헨리 제임스의 평처럼, 이 책에는 다양한 인간군상의 삶이 녹아 있기 때문이다.

"역사는 국가와 인류의 삶이다. 하지만 인류의 삶은커녕 심지어 한 국가의 삶을 직접 파악해 글로 옮겨 묘사하는 것은 불가능해 보인다." 이렇게 썼던 톨스토이는 그 불가능한 일을 해냈다. 이 책이 시대를 초월한 위대한 작품이라는 것은 넬슨 만델라가 오랜 투옥 생활 동안 가장 좋아한 책이었다는 점에서도 드러난다.

톨스토이의 동포인 러시아 작가 아이작 바벨(1894~1940)은 특정성을 초월한 보편성을 구현하고, 나폴레옹 전쟁 시기 혼란에 빠진 러시아 사회의 모습에서 인간 정신의 이야기를 그려낸 그의 능력을 이렇게 평했다. "세상이 스스로 글을 쓸 수 있다면 톨스토이처럼 쓸 것이다."

🖋 안나 카레니나

대중적인 생각과는 반대로, 톨스토이는 자신의 진정한 첫 소설이 《전쟁과 평화》가 아니라 19세기 러시아제국의 상류 사회를 배경으로 한 또 다른 다면적인 서사시 《안나 카레니나Anna Karenina》라고 생각했다. 《전쟁과 평화》와 더불어 세계 문학사의 걸작으로 평가받는 이 작품도 뛰어난 심리 묘사의 드라마를 통해 보편적 진리를 탐구한다. 영국의 시인이자 평론가인 매튜 아놀드는 이렇게 말했다. "《안나 카레니나》는 예술 작품이 아니라 삶의 파편으로 받아들여야 한다."

41 꿈의 해석

• 저자 : 지그문트 프로이트 • 창작 연대 : 1899년

"꿈의 해석은 정신의 무의식적 활동을 이해할 수 있는 지름길이다." 정신분석학의 아버지 지그문트 프로이트는 가장 유명한 그의 저서 《꿈의 해석Die Traumdeutung》에서 이렇게 썼다. 새로운 세기의 여명기에 이 책을 출간하며 그는 정신 연구 분야에 코페르니쿠스적 혁명을 촉발하기를 바랐다. 그러나 현실은 몇 년 동안 겨우 몇백 부가 팔리는 것으로 그쳤다. 하지만 프로이트의 혁명적 사상은 점차 주류에 스며들어 대중적으로 친숙한 문화 요소가 되었고, 그가 창안한 여러 용어는 오늘날에도 광범위하게 사용되고 있다. 무엇보다 프로이트는 과거와는 달리 사람들이 자기 자신을 이해하려고 노력하는 것과, 그리고 우리가 결코 제대로 자신을 돌아본

적 없다는 사실을 받아들이도록 했다.

프로이트는 1856년 오스트리아 제국 프라이부르크에서 태어났다. 그의 초기 경력에서는 크게 눈에 띄는 부분이 없다. 빈 대학교에서 의학박사 학위를 취득한 그는 신경학 전문가였으나 심리학에 대한 열정으로 히스테리나 신경증 같은 마음의 이상 현상 연구에 몰두했다. 그러나 꿈에 관심을 기울이면서 '정상'과 '비정상'을 아우르는 전반적인 마음 상태로 탐구 영역을 확장하게 되었고, 마침내 정신분석학을 창시하기에 이르렀다. 그는 1925년 정신분석학을 "정상적인 사람들을 이해하는 데 필수적인, 새롭고 더 깊이 있는 마음 과학의 시작점"이라고 설명했다.

《꿈의 해석》에서 그는 인간의 마음을 의식, 전의식, 무의식의 세 영역으로 나누었다.

- 의식 : 우리가 인식하는 것을 구성하여, 이성적인 방식으로 사고하고 토론할 수 있게 하는 영역.
- 전의식 : 대부분의 시간에는 잠재되어 있지만 쉽게 의식될 수 있는 생각과 기억으로 구성된 영역(휴대폰 번호처럼 당장 입으로 튀어나오지는 않지만 큰 노력을 기울이지 않고도 떠올릴 수 있는 것).
- 잠재의식 : 보통 의식적으로 접근할 수는 없지만 행동에 크게 영향을 미칠 수 있는 욕망, 충동, 소망이 저장된 영역.

　수면 위로 드러난 빙산의 일부분만 볼 수 있듯, 프로이트의 모형에서는 의식의 영역만 '볼'(적어도 '인식할') 수 있으며, 전의식과 잠재의식 같은 마음의 대부분은 수면 아래에 '보이지 않게' 감춰져 있다. 하지만 프로이트는 꿈을 통해 그 수면 밑에서 일어나는 일을 살펴볼 수 있다고 주장했다. "꿈은 사소한 것과 관계하지 않는다. 우리는 자는 동안 사소한 것으로 방해받지 않기 때문이다." 그는 우리의 의식에서는 너무 부끄럽고 불안해, 차마 직면할 수 없는 생각과 감정을 꿈이 안전하게 다룰 수 있도록 한다고 믿었다.

　그는 꿈이 두 가지 방법으로 정보를 전달한다고 주장했다. 하나는 꿈을 꾼 사람의 기억에 남아 있는 외현적 꿈이다. 하지만 잠재적 내용, 즉 외현적 내용 이면에 숨겨진 무의식적인 생각도 있다. 그의 주장에 따르면, 외현적 내용은 잠자는 동안 최근의 근심이나 걱정('낮 동안의 잔재')과 결합한 감각적 경험에서 비롯된다. 그러나 정말 흥미로운 것은 잠재된 내용에 있으며, 잠재의식은 위장된 방식으로 외현적 내용에 스며든 억압된 소망으로 이루어진다('꿈 작업'이라고 알려진 과정).

프로이트가 규명한 무의식적 사고를 위장하는 두 가지 주요 방식은 압축(여러 관념, 사물, 주제가 하나의 사물이나 사람 안에 합쳐지는 것)과 전치(잠재된 사고가 다른 사람, 사물, 또는 행동으로 옮겨지는 것)다. 예를 들어 한 남자가 파란 차 앞에서 칼에 찔리는 모습을 본다면 가해자에 대한 공포가 파란 차에 대한 공포로 옮겨질 수 있다. 프로이트는 "전치와 압축은 꿈의 형성을 담당하는 두 가지 지배 요소다"라고 말했다.

그는 그 밖에도 어쩌면 가장 유명할, 대담한 주장도 했다. "꿈을 해석해 보면 꿈이 소원 성취임을 인식하게 된다." 그리고 이 개념을 확장해 설명했다. "꿈의 해명에 몰두할수록, 성인들이 꾸는 꿈의 대부분이 성적인 내용을 다루며 성애적 소망을 표현한다는 것을 더 쉽게 인정하게 된다." 이러한 주장은 세기의 전환기 유럽 사회에서 필연적으로 큰 분노를 불러올 수밖에 없었다. 이를 경계한 탓인지, 프로이트는 이 주제에 신중한 입장을 보였다. "꿈의 해석에서 이러한 성적 콤플렉스의 의미를 잊어서는 안 되지만, 그렇다고 해서 이를 과장하여 다른 요소를 배제해서는 안 된다."

프로이트의 핵심 주장 중 하나도 조롱거리가 되었다. 꿈의 가장 사소한 세부 내용에서도 명백히 드러나는 기호와 상징의 "숨겨진" 의미를 해석하는 것이 가능하다는 것이다. 그가 제시한 사례를 살펴보자. "꿈에는 신체 기관과 기능에 대한 상징이 담겨 있다. 꿈에서의 물은 비뇨기 자극을 가리키며, 남성의 생식기는 지팡이나 기둥 등으로 나타날 수 있다" 이러한 해석은 불가피하게 주관적일 수밖에 없는데, 그래서 일설에 따르면 프로이트조차도 "담배가 그저 담배일 뿐일 때도 있다"라고 말했다고 한다.

《꿈의 해석》이 과학 논문으로서 상당한 결함이 있다는 것은 부인할 수 없는 사실이다. 프로이트가 과학적 진리라고 제시했던 것들 중 많은 부분이 그가 사망한 1939년 이후 수십여 년 동안 추측, 의견, 추론이었음이 밝혀졌다. 정신에 대해 그가 제시한 구조 모델부터 성적 심리 발달 이론, 꿈의 해석에 대한 방법론까지 거의 모든 이론에서 오류가 지적되었다. 하지만 그의 저서는 오늘날에도 심리학 연구에 대한 깊은 관심을 끌어내는 토대를 다지는 데 일조했다.

프로이트는 정신질환을 대하는 태도를 바꾸는 데 중요한 역할을 했다. 한때 생리학적인 여러 위험을 겪어야 하거나 도덕적 타락, 심지어 악마에 씌었다고 내몰려 쫓겨났던 사람들에게 심리적 불균형의 원인이 발견되면 나아질 수 있다는 희망을 주었다. 그리고 근본적인 면에서는 세상을 다른 시각으로 볼 수 있게 하는 개념을 창시했다. 그는 우주, 사회, 신학 같은 우리를 둘러싼 세계와 그 구조로부터 우리 내면의 세계, 즉 정신으로 시선을 돌린 것이다. 프로이트의 책상 위 창문에 세상을 내다보면서도 자신을 볼 수 있도록 거울이 장식되어 있었다는 사실은 주목할 만하다.

《꿈의 해석》과 프로이트의 다른 작품들이 없었더라면 우리가 일상에서 사용하는 무의식, 자아와 이드, 리비도, 오이디푸스 콤플렉스, 남근 선망, 프로이트의 말 실수, 정신과 의사의 상담 소파, 항문기 같은 용어도 존재하지 못했을 것이다. 실제로 그는 이름 자체가 형용사적 지위를 얻은 몇 안 되는 인물 중 한 사람이다. 심리학자이자 프로이트 연구자인 존 킬스트롬은 이렇게 말했다. "아인슈타인이나 왓슨과 크릭보다, 히틀러나 레닌보다, 루스벨트나 케네디보다, 피카소나 엘리엇, 스트라빈스키보다, 비틀스나 밥 딜런보다, 프로이트는 현대 문화에 심오하고도 영원히 지속되는 영향을 미쳤다."

🖋 수상쩍은 물고기

유명한 사례로, 프로이트의 한 환자가 손에 꿈틀대는 물고기를 들고 있는 꿈을 꾸었다고 이야기했다. 담당 의사의 저서를 열심히 읽은 그녀는 의심할 여지 없이 자신 있게, 그 물고기가 분명히 음경을 상징한다고 말했다. 하지만 프로이트는 다른 시각을 갖고 있었다. 그는 이 여성의 어머니가 자신과의 약속을 못마땅하게 여긴다는 것과, 별자리가 물고기자리이며 열렬한 점성술 추종자라는 사실을 잘 알고 있었다. 프로이트는 이 물고기가 남성의 성기보다는 환자 어머니를 상징한다고 보았다. 이는 꿈 해석의 주관성이 혼동을 낳기 쉽다는 사실을 단적으로 보여준 사례다.

5부

1900년대 이후

A SHORT
HISTORY
of
THE WORLD
in 50 BOOKS

42

일반 상대성 이론

• 저자 : 알베르트 아인슈타인 • 창작 연대 : 1916년

알베르트 아인슈타인의 《일반 상대성 이론General Theory of Relativity》
은 이론의 여지가 없는 20세기의 가장 유명한 과학 논문으로서,
새로운 과학 시대를 열고 세계를 긍정적인 방향과 부정적인 방향
으로 모두 발전시켰다. 이 논문은 시간과 공간의 본질에 대한 근
본적인 이해를 재고하게 만들었고, 중력이 아이작 뉴턴의 예상처
럼 작용하지 않는다는 것을 보여주었다. 또한 우주에 대한 시각을
아원자 수준부터 철저히 재검토하게 했다. 아인슈타인의 많은 연
구 중에서도 이 논문은 (비록 그는 평생 이 개념에 대해 의문을 품었지
만) 현대 양자역학의 토대를 마련했으며 그를 늘 힘들게 했던 유
산인 핵의 시대를 열었다.

어린 시절의 아인슈타인은 인류 역사상 가장 유명한 (그리고 가장 대표적인) 과학자가 되기는커녕, 세계사에 큰 족적을 남길 인물이 되리라곤 상상도 할 수 없었다. 그는 1879년에 태어났는데, 말이 늦어서 아버지로부터 '멍청한 녀석'이라는 소리를 들으며 자랐다. 곧 수학과 물리학에 재능을 드러냈지만 학문적 경력이 순탄하게 펼쳐지지는 않았다. 취리히의 스위스 연방 공과대학을 졸업한 뒤에도 전공을 살린 일자리를 구하지 못해 고생해야 했다. 결국, 전공과는 상관 없는 스위스 특허청에서 일하며 퇴근 후 자투리 시간을 이용해 이론물리학을 탐구하는 데 열정을 쏟았다.

1905년, 그는 혁명적인 논문들을 연달아 발표하며 세상에 이름을 알렸다. 《일반 상대성 이론》이 출판되기 10년 전이었다. 스스로 "매우 혁명적"이라고 한 첫 번째 논문은 방사선과 빛의 에너지 성질을 다루었으며, 양자 이론의 발전에 결정적인 역할을 한 것으로 증명되었다. 두 번째는 "원자의 실제 크기 결정"에 관한 것이었고 세 번째는 브라운 운동에 대한 연구로, 통계적 분석을 통해 원자와 분자의 실제 존재를 확인했다. 네 번째는 운동하는 물체의 전기 역학을 연구한 〈특수 상대성 이론〉으로, 아인슈타인이 친구에게 보낸 편지에서 "시공간에 관한 이론을 수정해야 할 것 같다"라고 한 연구였다. 우주에 대한 인류의 이해를 근본적으로 바꾸게 될 것이라는 발표로서 너무도 절제된 표현이다.

아인슈타인은 등속 운동을 할 때 물리 법칙이 상대적으로 모든 관측자에게 동일하게 적용되며, 진공에서 빛의 속도는 일정하다는 사실을 밝혀냈다. 그는 익숙한 3차원의 공간이 시간과 융합해 '시공간'을 형성한 우주를 상상했다. 이 우주에서는 단일 사건이 서로 다른 관측자에게 서로 다른 시간에 발생하는 것처럼 보일 수 있다. 쉽게 말하면 뉴턴 역학은 시간과 공간이 절대적이라는 것을 보여주었지만, 아인슈타인은 그렇지 않다는 것을 보여준 것이다. 이는 코페르니쿠스나 다윈이 세상에 일으킨 파문만큼이나 큰 충격을 안겼다. 어느 과학자가 시계의 바늘이 움직이는 방식이나 벽난로 선반 위의 공간조차 겉보기와는 다르다고 주장한 것이다. 그러나 다른 사람들이 불확정성의 원리를 발견할 때 그는 기본 물리학 법칙의 불변성을 파악했다. 실제로 그는 원래 이 논문의 제목을 "불변성 이론"이라고 할 계획이었다.

〈특수 상대성 이론〉은 그해에 마지막으로 발표된 논문이었다. 단 3페이지에 불과했지만, 그 결론은 놀라웠다. 아인슈타인은 물체의 질량이 그 에너지의 양에 비례한다는 사실을 발견했다. 다시 말해, 질량과 에너지는 같은 것의 다른 표현이라는 것이다. 이 통찰은 역사상 가장 유명한 방정식 $E=mc^2$(에너지=질량×빛의 속도 제곱)으로 표현된다. 아주 작은 것이 엄청난 양의 에너지를 가질 수 있다는 이 발견은 핵 시대로 나아가는 디딤돌이 되었다.

세계의 다른 나라들이 〈특수 상대성 이론〉의 발견을 적용하려 애썼지만, 아인슈타인은 그 논리의 부족한 부분에 집착하고 있

었다. 특히 고민한 부분은 등속 운동을 하는 상황에서만 적용된다
는 점이었다. 게다가 뉴턴의 우주 이론에서 중력은 순간적인 힘
이라는 개념을 적용했는데, 아인슈타인은 (중력 같은 물리적 상호작
용을 포함해) 무엇도 광속보다 빠를 수 없다는 사실을 증명한 이래
뉴턴의 이론이 옳지 않다는 사실을 깨달았다.

아인슈타인의 획기적인 여러 발견들은 '상상을 뛰어넘는 위
대한 도약'을 찾아 수행한 복잡한 사고실험의 결과물이었다. 이
경우, 그는 엘리베이터처럼 밀폐된 공간에서 자유낙하하는 사람
이 경험하는 감각에 초점을 맞췄다. 그리고 그때의 피실험자는 자
신이 중력장의 영향을 받는지, 아니면 중력이 없는 깊은 공간에
있는지 전혀 알지 못한다는 사실을 깨달았다. 이후 8년이 더 지
나야 하지만, 아인슈타인은 이 사고실험을 통해 《일반 상대성 이
론》을 발전시키게 된다.

그가 마주한 주요 문제 중 하나는 자신의 이론이 유클리드가
정의한 기하학을 뛰어넘는 새로운 수학을 요구한다는 것이었다.
결국 대학 시절부터 오랜 친구인 마르셀 그로스만이 그에게 구원
의 손길을 내밀어, 베른하르트 리만(1826~1866)의 비유클리드 수
학과 그레고리오 리치쿠르바스트로(1853~1925)의 미적분학으로
인도했다.

1915년 무렵, 아인슈타인은 자신의 이론을 적절히 정리했고
이를 수학적으로 뒷받침할 수 있다고 확신하게 되었다. 그해 있었

던 네 번의 강연에서 그는 "내 인생에서 가장 가치 있는 발견"이라고 생각한 이론을 설명했다. 뉴턴이 중력이 끌어당겨 나무에 매달린 사과가 땅으로 떨어지는 우주를 설명한 곳에서 아인슈타인은 중력을 시공간의 곡률로 재정의했다.

4년 후, 그의 가설에 대해 최초로 관측 가능한 증거가 기록되면서 그는 하룻밤 사이에 현대 과학계의 유명인에서 과학을 잘 모르는 가정에서까지 그 이름을 들을 수 있는 세계적인 슈퍼스타가 되었다. 이에 대해 그는 "일상생활을 살아가는 사람은 걱정할 필요가 없다… 그러나 철학적인 면에서는 중요하다. 철학적 추론과 개념에 필요한 시간과 공간의 개념이 바뀌기 때문이다"라고 설명했다.

아인슈타인은 국제적인 인물이 된 뒤에도 이론적 탐구를 멈추지 않았다. 그는 과학 연구를 계속하면서, 권위주의 체제와 자신이 의도치 않게 도움을 주게 된 원자폭탄에 대한 반대 활동을 활발히 펼쳤다. 오늘날 《일반 상대성 이론》의 영향은 우리 주변 어디에서나 볼 수 있다. 이는 우리가 우주 안에서 우리 자신을 인식하는 방식을 바꾸어놓았고, 블랙홀을 예측하여 그 미스터리에 도전하게 했다. 그 외에 텔레비전이나 차량용 GPS 시스템에도 영향을 미쳤다. 동시대의 물리학자 막스 보른은 《일반 상대성 이론》에 대해 이렇게 평가했다. "자연에 대한 인류의 사고가 이루어낸 최대의 업적. 철학적 통찰과 물리적 직관, 수학적 능력이 경이롭게 조합된 결과."

노벨상을 받은 논문은 어느 것?

아인슈타인은 물리학 연구로 노벨상을 받았지만, 여러분도 예상할 수 있듯이, 상대성 이론에 대한 연구 성과를 인정받았기 때문은 아니었다. 1921년 노벨상 위원회는 상대성 이론의 노벨상 수상 자격을 두고 합의에 도달하지 못했다. 노벨상은 '발견이나 발명'으로 분류되는 업적에 수여하는 것이 규칙인데, 상대성 이론은 '발견'된 '법칙'이 아니라 '제안'된 '이론'이라는 반론이 있었다. 그리하여 결국 아인슈타인은 세계적으로 유명한 상대성 이론보다, 1905년 첫 번째로 발표한 광전효과의 법칙에 대한 논문으로 노벨상을 받게 되었다.

43 안네의 일기

• 저자 : 안네 프랑크 • 창작 연대 : 1947년

《안네의 일기》는 2차 세계대전 시기 암스테르담에 살고 있던 한 독일인 가족의 십 대 딸 안네 프랑크가 실제로 쓴 일기다. 많은 이를 감동시킨 이 책은 안네와 그 가족이 나치 점령군을 피해 2년 동안 아버지의 사업장에 딸린 별채에 숨어 살던 시기의 이야기를 담고 있다. 우리는 안네와 그녀가 사랑하는 가족들을 기다리는 비극적 운명을 알고 있기에, 이 일기를 읽으면서 20세기 문학에서 전례 없는 감동을 느끼게 된다.

히틀러가 독일을 장악하자 안네의 부모는 프랑크푸르트에서 암스테르담으로 이주했다. 안네의 나이 겨우 네 살 때였다. 유대인인 프랑크 가족은 반유대주의의 박해가 고조되는 분위기를 정확히 인식하고, 안전한 네덜란드로 피난한 것이다. 성공한 사업가였던 안네의 아버지 오토는 식품 제조용 젤겔화제인 펙틴을 거래하는 탄탄한 사업체를 운영하고 있었다. 그러나 1940년 네덜란드가 독일에 점령되면서, 히틀러의 손아귀에서 벗어날 수 있다는 희망은 사라졌다.

1942년 여름, 유대인들의 강제 수용소 추방이 한창 진행되고 있었다. 그해 7월, 안네의 언니 마르고 앞으로 독일로부터 '노역' 소환장이 날아왔다. 이는 위험이 코앞으로 닥쳤다는 명백한 경고였다. 안네의 부모는 도피하기로 했다. 그리고 즉시 오토의 사업장 별채에 몸을 숨겼는데, 그곳은 책장 뒤에 문이 감춰져 있었다. 소수의 가까운 친구들이 음식과 생필품을 공급해주면서 그들을 도왔다. 주중에는 이 은신처가 있는 사업장에 직원들이 근무하여 드나드는 사람이 많았지만, 프랑크 가족은 소수의 조력자를 제외하고 다른 사람들에게는 들키지 않은 채 숨어 지낼 수 있었다. 안네는 어떤 이들이 전투에 참여해 영웅적인 모습을 보였다면, 자신의 가족을 도운 조력자들은 매일 사랑과 선량함을 베푸는 행위를 통해 영웅이라는 것을 보여주었다고 생각했다.

안네는 열세 번째 생일인 1942년 6월 12일 일기장(혹은 일기장으로 사용한 빨간 체크 무늬 사인첩)을 받았다. 모든 걸 털어놓을 무언가를 절실히 원했던 안네는 바로 그날부터 일기를 쓰기 시작했다. 그녀는 이 책이 모든 걸 이야기할 수 있는 친구를 대신해 응원과 위안을 주는 대상이 될 것이라고 썼다. 수년 수개월에 걸쳐, 이 일기는 별채에 숨어 지내는 안네의 생활과 내면을 담은 기록으로 발전했다. 그녀는 나치를 피해 이 은신처로 도망쳐 온 판 펠스 가족(아버지의 동업자 헤르만, 그의 아내 아우구스테, 아들 페터)과 이들에 뒤이어 합류한 치과의사 프리츠 페퍼에 대해서도 자세히 이야기했다.

안네는 처음에는 새로운 이들이 합류한 것을 시련이라고 느꼈다. 비슷한 또래인 페터와 방을 같이 써야 했기 때문에 더욱 그랬다. 그녀의 일기에는 가족과의 관계, 아버지에게 느낀 친밀감, 어머니와의 거리감, 언니를 향한 깊은 사랑이 생생히 표현되어 있다. 일기는 엄청나게 다양한 주제를 다루지만, 가장 눈에 띄는 부분은 굉장히 특수한 환경에서 아이에서 십 대 청소년으로 전환하는 혼란의 시기를 맞이한 평범한 소녀의 이야기다. 이와 관련하여 가장 자세하게 다루어지는 것은 페터와의 관계 변화다. 이들은 처음에는 서먹했다가 점차 가까워지고, 나중에 다시 거리가 멀어진다.

1943년 크리스마스 이브, 안네는 1년 반 동안 몸을 숨긴 채 갇혀 지내는 생활이 얼마나 고통스러운지 털어놓으며 자전거를 타고, 춤을 추고, 세상을 보고, "젊음을 느끼고 내가 자유롭다는 사실을 알고" 싶은 소망을 이야기했다. 하지만 그런 자신을 불쌍히 여기는 것으로 얻을 수 있는 것은 하나도 없다는 사실을 깨닫는다. 그녀는 애처롭게 자문한다. "우린 어떻게 될까?"

1944년 3월, 안네가 런던에 있던 네덜란드 망명 정부의 무선 방송을 들을 무렵, 그녀의 일기는 이미 상당한 양이 되어 있었다. 망명 정부의 장관은 전쟁이 끝나면 독일 점령 당시의 일기 및 기타 개인 기록을 수집할 계획이라고 밝혔다. 안네를 이를 염두에 두고 기존의 일기를 다시 쓰고 편집했으므로, 오늘날 《안네의 일기》는 'A 버전'과 'B 버전'이 존재한다. 그녀는 유명한 작가나 기자가 되겠다는 꿈을 품고 있었기에 더욱 자신의 일기가 대의를 위해 사용될 수 있다는 데 매료되었다. 이 단계에서 모든 일기가 '키티'에게 이야기하는식으로 바뀌면서, 일기장은 비밀 친구로 인격화된다.

일기의 마지막 기록은 1944년 8월 1일이다. 그로부터 불과 사흘 뒤, 이들의 은신처가 발각되어 모두 체포되었다. 이들 여덟 명의 은신처가 발각된 것은 누군가 당국에 밀고했기 때문이라는 의견이 오랫동안 우세했지만, 최근에는 우연한 불행의 결과라는 설도 제기되고 있다. 독일 방첩대가 배급권 불법 거래를 특정하여 수사하던 중에 발각되었다는 것이다. 그러나 어느 쪽이든 결과는 크게 다르지 않았을 것이다. 그들은 여러 군데의 강제 수용소로 흩어져 추방되었다. 그중에는 아우슈비츠도 있었지만, 안네는 베르겐 벨젠 수용소로 보내져 수많은 끔찍한 참상을 겪었다. 그리고 1945년 2월 또는 3월의 어느 날, 고작 15세의 나이로 세상을 떠났다. 그녀가 있던 수용소는 불과 몇 주 뒤 연합군에 의해 해방되었다. 식구 중 살아남은 사람은 그녀의 아버지 오토뿐이었다.

암스테르담으로 돌아온 오토 프랑크는 은신처가 습격받은 직후 안네의 일기를 보관해 오던 이로부터 딸의 일기를 돌려받았다. 처음에는 일기를 출판해줄 출판사를 찾느라 고생해야 했다. 제2차 세계대전 직후였기에 전쟁의 참상과 유대인에 대한 범죄를 다시 접하고 싶은 사람들이 거의 없을 것이라는 생각이 지배적이었기 때문이다.

그 후 오토는 안네가 쓴 일기의 가치를 알아본 역사가 얀 로메인에게 이 일기를 전했다. 그는 1946년 한 신문에 글을 기고했다. "이 글은 한 소녀의 소소한 일기다. 하지만 아이의 목소리로 더듬거리며 외친 이 '깊은 슬픔의 절규'는 뉘른베르크 재판(나치 전범 재판)의 모든 증거를 합친 것보다 더 강렬하게 파시즘의 끔찍한 만행을 생생히 보여준다." 그다음 해, 안네의 일기는 《별채 : 1942년 6월 14일부터 1944년 8월 1일까지의 일기The Annex: Diary Notes 14 June 1942-

1 August 1944》라는 제목으로 유럽에서 출간되어 큰 반향을 일으켰다. 그리고 5년 뒤에는《안네 프랑크 : 한 어린 소녀의 일기Anne Frank: The Diary of a Young Girl》라는 제목으로 영부인 엘리노어 루스벨트의 소개글과 함께 미국에서 출간되었다. 이 책은 수천만 부가 판매되며 교과과정의 주교재로 사용되었고 연극, 영화, TV쇼에도 영감을 주었다.

《안네의 일기》는 제2차 세계대전 중 유대인이 겪은 경험에 대한 글 중 가장 유명한 1차 기록이며, 역사 기록으로서 매우 중요한 가치를 가진다. 하지만 무엇보다 인간다움에 대해 고찰한 감동적인 기록이다. 그리고 안네는 비극의 한복판에서도 희망을 본다. "이 모든 것에도 불구하고, 나는 아직도 사람은 사실 마음이 선한 존재라고 믿는다."

🖋 반성의 의무

《안네의 일기》는 홀로코스트와 관련된 방대한 저술 중에서 가장 유명한 작품일 것이다. 매년 홀로코스트의 공포를 1인칭으로 서술한 신작이 발견되고, 출판된다. 1986년, 엘리 비젤은 1960년 발표해 명성을 얻은 회고록 《나이트 Night》로 노벨 문학상을 받았다. 노벨상 위원회는 이 작품을 "인류에게 평화, 속죄, 인간의 존엄성이라는 메시지를 전하는 전령사"라고 평했다. 이탈리아 태생의 유대인으로 아우슈비츠의 생존자인 프리모 레비는 1947년 세계적으로 유명한 회고록 《이것이 인간인가》를 발표했고, 이후 1940년대의 사건들이 반복될 수도 있다고 경고했다. "그러한 이유에서, 벌어진 일에 대해 숙고하는 것은 우리 모두의 의무다."

44　　1984

• 저자 : 조지 오웰 • 창작 연대 : 1949년

《1984》는 획일적인 통치 이데올로기를 추구하는 전체주의 정권의 폭주로 상처 입은 시대가 낳은 디스토피아적 걸작이다. 일당 독재의 폐해를 경고하는 이 작품에서 전체주의 체제를 규정한 인상적인 문구와 개념은 세계 문화로 스며들었다. 또한 과거의 한 시대를 모티브로 한 소설이지만 오늘날 21세기의 혼란스러운 국제정치 지형과도 당황스러울 정도로 관련성을 보여준다.

　　1940년대에 쓰인 이 소설이 그리는 '1984년'은 매우 황폐한 시대다. 유라시아, 동아시아, 오세아니아, 이 세 개의 전체주의 초국가들이 세계를 분할 통치하며 영속적인 갈등상태에 있다. 소설은 이 중 오세아니아, 그중에서도 과거 영국이라 불렸지만 지금은

'에어스트립 원'이라고 이름이 바뀐 지역을 배경으로 펼쳐진다. 영국식 사회주의의 약어 '영사', 신어로 'INGSOC 이데올로기'가 국가 이념으로 작동하며, 통치권은 '당'의 손아귀에 있다. 빅 브라더라는 수수께끼의 지도자가 통치하며, 국가 전역에서 그에 대한 인격 숭배가 이루어지고 있다. 이 정권은 집단 감시와 체제 반대자들에 대한 잔혹한 탄압을 통해 체제에 순응하게 한다. 당에 반대하는 사람은 지금까지 존재했던 모든 기록이 삭제되어 사라지며, '없던 사람'이 된다.

주인공 윈스턴 스미스는 '진리부(본질적으로는 선전 활동을 하는 부처)'에서 근무하며 현 정부의 기조에 적절하지 않은 역사 기록을 편집하는 일을 한다. 그러나 내심 현 정권에 반대하며 정권 타도를 열망한다. 아내와 별거 중인 그는 진리부 동료인 줄리아라는 여성과 불륜을 시작한다. 당원이 되기 전의 삶을 기억하는 그는 자연스레 저항 운동에 끌리게 된다. 그러나 함정에 빠져 정체가 폭로된 후 "재교육"의 과정을 겪으며 상상을 초월한 끔찍한 공포를 겪는다.

《1984》에는 '빅 브라더(정체가 알려지지 않은 독재자)', '이중사고(세뇌를 통해 반대하던 사상을 받아들이게 되는 것)', '사상죄(정부의 공식적인 노선과 양립 불가한 이단적인 사상)', '사상경찰(사상죄를 저지른 사상범을 감시·색출하는 법 집행 기관 내의 비밀 부서)', '신어(진실을 감추기 위해 고안된 언어)', '101호실(죄수의 사고를 무너뜨리기 위해 최악의 공포를 겪게 하는 고문실)'과 같이 지금도 널리 통용되는 많은 용어가 처음으로 등장한다. 윈스턴의 일기에는 개인은 당이 선언한 것이면 무조건 진실로 받아들여야 한다는 개념이 압축적으로 등장한다. "2 더하기 2는 5". 여기서 단적으로 드러난 진리의 불안정성은 거짓을 퍼뜨리는 '진리부', 전쟁을 관장하는 '평화부', 고문을 자행하는 '애정부', 굶주림을 유발하는 '풍요부' 등 정부 부처의 이름에도 반영되어 있다. "맑고 쌀쌀한 4월의 어느 날, 시계는 13시를 가리키고 있었다"라는 이 소설의 첫 줄에서부터 유동적인 현실감과 내면의 모순이 뚜렷이 느껴진다.

조지 오웰은 당대의 가장 정치적인 작가 중 하나였다. 1903년 태어난 그는 헌신적인 이상적 사회주의자였다. 1937년작 《위건 부두로 가는 길The Road to Wigan Pier》은 대공황 시기 영국 노동 계층의 투쟁을 고찰했으며, 그다음 해 발표한 《카탈루냐 찬가Homage to Catalonia》에서는 공화파로 스페인 내전에 참여한 경험을 서술했다. 그는 유럽이 파시스트, 공산주의 정권의 폭정에 굴복하는 과정을 지켜보며 점점 더 큰 공포를 느끼고, 1945년 농부에 맞서 봉기하여 자신들의 사상을 실현한 사회를 세운 농장 동물들의 이야기로 스탈린 치하의 소련을 풍자한 걸작 《동물 농장Animal Farm》을 출간했다. 종전 후 세계가 두 강대국을 중심으로 양분되자 그는 《1984》를 집필하기 시작했고, 이 작품은 그의 마지막 작품이자 많은 사람의 뇌리에 강렬히 남는 위대한 소설이 되었다. 스코틀랜드의 주라섬에서 이 작품을 완성했을 무렵 그는 심각한 폐결핵에 시달리고 있었는데 그로부터 얼마 지나지 않아 1950년대 초에 세상을 떠났다.

《1984》는 독재국가가 어떻게 뿌리내리며, 정치, 무엇보다 결정적으로 언어가 어떻게 타락하고 악용될 수 있는지를 설득력 있게 고찰한 작품이다. 1946년에 발표한 에세이 《나는 왜 쓰는가 Why I Write》에서 그는 1930년대 중반 이후 "직간접적으로 전체주의에 반대하고 이상적 사회주의를 지지하기 위해" 글을 썼다고 명백히 밝혔다. 오웰은 예리한 지성과 뛰어난 상상력을 갖추고 있었을 뿐 아니라 훌륭한 스타일리스트이기도 했다. 이는 수많은 독자를 사로잡은 매력이었다. V.S. 프리챗은 《뉴스테이츠먼New Statesman》지에 《1984》를 칭찬하는 글을 기고했다. "소설을 이렇게 두려움과 우울함을 느끼면서 읽은 적은 없었던 것 같다. 하지만 이 독창성과 서스펜스, 이야기의 전개와 분노가 시들어버리기까지의 속도감은 책을 내려놓지 못하게 한다."

《1984》는 예브게니 자마친의 1924년작 소설《우리들》, 아서 쾨슬러의《한낮의 어둠》, 캐린 보이에의《칼로카인》(모두 1940년작)부터 이후 레이 브래드버리의《화씨 451도》(1953), 마거릿 애트우드의《시녀 이야기》(1985), 윌리엄 깁슨의《가상의 빛》(1993)까지, 디스토피아 소설 계보의 중심에 있는 작품이다. 이 작품들 모두 큰 영향을 미쳤지만, 오웰의 작품만큼 지속적인 영향력을 미친 것은 없었다.

1990년대 초 소비에트 연방의 붕괴로 자유 민주주의가 궁극적 승리를 거둔 것처럼 보였지만, 오늘날의 시대는 감시 체계의 확대, 가짜 뉴스, '대안적 사실', 새 세대의 '독재자'들, '진실'을 선택하고 이에 따르지 않는 사람은 배제하는 소셜미디어 환경으로 이루어져 있다.《1984》는 이런 상황에서 길을 찾고자 고군분투하는 21세기의 독자들에게 새로운 공감대를 형성한다.

1949년, 조지 오웰은《1984》에 이렇게 썼다.

> 권력은 인간의 마음을 조각내 권력자가 선택한 새로운 형태로 다시 짜 맞추는 것이라네. 이제 우리가 어떤 세계를 창조해내려는지 알겠나? 과거의 개혁자들이 상상한 어리석은 쾌락주의적 유토피아와는 정반대되는 세계지. 고통스러운 공포와 반역의 세계이고, 짓밟고 짓

밟히는 세계, 개선할수록 더욱 무자비해지는 세계라네.

오웰이 자신의 말대로 실현된 오늘날의 현실을 본다면 얼마나 슬퍼할 것인가.

멋진 신세계

1932년 올더스 헉슬리는 《멋진 신세계Brave New World》를 출간했다. 그도 오웰처럼 악몽 같은 미래를 예견했지만, 그가 상상한 미래는 물리적 폭력보다 강제에 더 의존하는 세계였다. 그는 1949년 오웰에게 이런 편지를 보냈다.

세계의 통치자들이 통치 수단으로서 유아 컨디셔닝과 마취성 최면이 몽둥이와 감옥보다 더 효율적이라는 것을, 그리고 암시를 통해 사람들이 자신에게 주어진 노예 생활을 좋아한다고 믿게 함으로써 채찍질과 발길질로 복종을 강요하지 않고도 권력에 대한 욕망을 철저히 충족할 수 있다는 사실을 깨닫게 될 것이라고 믿네. 다시 말해, 《1984》의 악몽은 내가 《멋진 신세계》에서 상상한 것과 더 닮은 세상의 악몽으로 바뀌어 갈 수밖에 없다는 느낌이 드네.

45

제2의 성

• 저자 : 시몬 드 보부아르 • 창작 연대 : 1949년

《제2의 성Le Deuxième Sexe》은 프랑스의 여성 철학자이자 여성 운동가인 시몬 드 보부아르Simone de Beauvoir가 제2물결 페미니즘의 초석을 다진 작품이자, 페미니즘 역사에서 가장 큰 영향력을 발휘한 작품이다. 여기서 그녀는 여성이 역사적으로 남성에게 종속되는 틀에 갇혀 있었으며, 자신에게 충실한 삶을 살기 위해서는 이러한 족쇄를 벗어나야 한다고 주장했다.

보부아르는 실존주의자로서 인간은 근본적으로 아무것도 목적이나 의미가 없는 존재(무, nothingness)이며, 선택을 통해 '의미'를 부여하는 것은 개인의 몫이라고 믿었다. 다시 말해 인간 개개인의 삶은 태초부터 타고난 가치나 장점이 없는 상태이고 여기에 자신

만의 가치를 부여하는 것은 각자의 선택이라는 것이다.

보부아르는 남성에 비해 여성에게 부차적인 역할을 부여하는 사회의 제약 때문에, 여성은 이러한 도전이 더 어렵다고 주장했다. 이 책의 1권 〈사실과 신화〉에서 그녀는 이렇게 주장하면서, 이 주장을 뒷받침하는 수많은 역사적 사례를 제시하고 남성은 전통적으로 "주체"로, 반면 여성은 "타자"로 여겨왔다고 말한다.

그녀는 선사시대부터 남성은 행동을 통해 자신의 존재를 정의하고 자신의 의지를 세상에 강요해 왔다는 것을 증명하기 시작했다. 그에 반해 여자는 남자와 반대되는 존재, 남자가 강한 부분에는 약하고, 남자가 세상을 향해 나아가는 부분에서는 내면을 탐색하며, 남성의 행동에 의존해 '구원'받는 존재라고 정의되었다는 것이다. 이렇게 '타자성'이 부여됨으로써 여성은 예속적인 존재로 받아들였고, 근본적인 인간성조차 부정되었다고 그녀는 주장한다.

보부아르는 다양한 사회적 담론을 통해 이러한 '타자성'이 어떻게 만들어졌는지 보여주려 했다. 예를 들어 의학이나 정신분석학 같은 학문은 전통적으로 여성을 생리적으로나 정신적으로나 '더 약한 성'으로 간주했다. 역사와 문학 역시 지배적인 '남성'과, 독립적으로는 자신의 본질을 구축할 수 없는 부차적인 존재인 '여성'이라는 사고의 틀을 강화했다. 그녀는 남성들이 만들어낸 '영원한 여성성'이라는 신화에 갇혀, 여성들이 생산자로서의 역할에 국한되는 정체성을 지니게 된다고 주장했다. 여성은 생명을 부여하는 존재로서 찬양받기도 하지만, 생명에 필연적으로 뒤따르는 죽음과도 연관된 정체성을 지니므로 여성성은 가부장제를 불안하게 하는 것으로 인식된다. 따라서 '영원한 여성성'은 여성의 존재를 규정하는 사회적 관점에 갇히는 결과를 가져왔고, 여성이 스스로 자신의 정체성을 구축할 권리가 있다는 사실도 부정되었다.

보부아르는 또 소녀들은 어린 시절부터 진정한 실현을 막는 여성성이라는 모호한 개념에 순응하며, 이 신화가 영속되도록 하는 역할을 담당하게 된다고 지적한다. 이를 두고 그녀는 "여성은 태어나는 것이 아니라 만들어지는 것이다"라고 표현했다. 또한 여성들은 타고나지 않은 '모성 본능'을 받아들이도록 요구받고, 남성을 지원하는 역할을 하는 삶을 상상하도록 부추겨진다. 만족스럽지 못한 성관계를 견디고 자신의 능력과 야망을 추구하는 것을 포기하며, 자아를 실현하려는 남성의 타자로서의 역할을 받아들이게 된다는 것이다.

이 책의 2권 〈체험〉에서는 아내, 어머니, 그리고 '사교적 의무'를 가진 전통적 여성의 역할이 어떻게 '죽은 것도 아니지만 살아 있는 것도 아닌' 상황과 같은 맥락에 있는지 설명한다. 여성은 현실 안주와 수동성을 강요받아 평범함에 만족하게 된다. 이러한 현실을 극복하기 위한 해결책으로 보부아르는 남성과 여성 사이의 근본적인 경제적 불평등을 해소해야 한다고 보았다. 그러려면 여성은 자신을 부양하고, '영원한 여성성'의 제약에서 해방되기 위해서는 경제적 활동을 해야 한다. 또한 전통적으로 허락된 것 이상으로 지적 활동에 적극적으로 참여하여 전통적인 '객체'에서 자기 삶의 '주체'로 변모해야 한다.

《제2의 성》은 페미니즘의 제1물결(재산권, 투표권 등의 법적인 성별 불평등을 개선하려는 광범위한 노력)로부터 제2물결로의 전환을 상징하는 작품으로 평가받는다. 1980년대까지 이어진 이 제2물결에서는 가정, 직장, 생식권, 성적 해방 등과 관련해 광범위한 불평등의 문제를 논의한다. 보부아르는 이렇게 말했다. "자유로운 여성은 이제 겨우 생겨나고 있는 중이다."

《제2의 성》은 발매 첫 주에 수만 부가 판매되었으며 수십 개의 언어로 번역되는 등 선풍적인 현상을 일으켰다. 보부아르가 길을 개척하지 않았다면 베티 프리단의 《여성의 신비》, 케이트 밀렛의 《성의 정치학》, 저메인 그리어의 《여성 거세당하다》 등 제2물결의 주요 작품들을 상상하기 어려웠을 것이다. 그러나 필연적으로 비판이 뒤따랐다. 바티칸은 여성의 낙태권 문제를 상세히 다루었다는 점에서 이 책을 금서로 지정했다. 일부 페미니스트 비평가들도 보부아르가 여성 자체에 대한 근본적인 실망감을 시사했다는 점을 문제 삼았다. 그녀가 사실상 모든 여성이 역사적으로 자신의 삶에 의미를 부여하는 데 '실패'했다고 생각한다고 의구심을 품은 것이다. 그러나 《제2의 성》은 사회가 여성성에 대한 기대와 여성 개개인이 자신의 잠재력을 최대한 실현하려면 어떻게 자유로워져야 하는지 재검토하도록 만들었으며, 성과 페미니즘을 둘러싼 논쟁을 변화시키는 데 성공했다.

실존주의 철학계의 파워 커플

보부아르에게는 항상 한 남성의 이름이 따라붙는다. 1920년대 후반부터 1980년 그가 죽을 때까지 연인 관계를 유지한 실존주의 철학자 장 폴 사르트르다. 하지만 그들의 관계는 전통적인 연인 관계와는 크게 달랐다. 둘 다 공개적으로 다른 연인이 있었고 (보부아르는 양성애자였다) 결혼을 하거나 아이를 낳거나 함께 살지도 않았다. 이는 보부아르가 말한 "진정한 사랑"을 구현한 시도였으며, 그녀는 이를 인생의 큰 성공으로 여겼다. 하지만 그녀의 일기에서는 이러한 파트너십이 감정적 긴장을 가져왔음을 엿볼 수 있다. 상호 합의된 불륜이라도 얼마나 고통스러울 수 있는지, 그녀가 문제를 제기했을까?

46 　　　　　 캐치-22

• 저자 : 조지프 헬러　• 창작 연대 : 1961년

《캐치-22^{Catch-22}》는 어두운 현실을 코믹하게 풍자한 소설이다. 제2차 세계대전을 배경으로 시대의 안티 히어로인 미국 공군 대위 존 요사리안과 그 동료들이 겪는 황당하고 초현실적인 경험을 그린다. 베트남 전쟁에 대한 미국의 개입이 늘어나던 1960년대 초에 출판된 이 소설은 금세기 최고의 반전 소설이자 저항문화의 시작을 알린 작품으로 자리매김했다. 또한 정부의 의사 결정에 대한 도전이 커지고 존중은 약해지는 새로운 시대가 왔음을 알렸다.

헬러는 1923년 뉴욕에서 태어나 제2차 세계대전 중 B-52 폭격수로 공군에 복무했다. 1950년대에 교사, 광고 카피라이터로 일하며 60여 차례의 폭격을 비롯한 자신의 참전 경험에 대해 쓰기 시작했다. 1944년 8월, 헬러는 작전으로 프랑스의 아비뇽 상공을 날고 있을 때 실제로 죽음과 맞닥뜨렸다. 이 경험으로 전쟁을 바라보는 헬러의 근본적인 시각이 형성되었고, 그의 가장 유명한 작품인 이 책이 탄생했다. 여기에 1920년대의 체코 작가 야로슬라브 하셰크가 발표한 《착한 병사 슈베이크The Good Soldier Švejk》로부터 받은 영감도 더해졌다.

《캐치-22》는 막강한 권력을 행사하며 집단을 우선시하는 군사 관료제하에서 개인의 개성과 인격이 어떻게 유지될 수 있는지(혹은 어떻게 무시되는지) 고찰한다. 간단히 말해 전쟁의 광기를 그린 소설이다. 여러 인물의 관점으로 풀어내는 비연대기적이며 개별적인 일련의 에피소드가 펼쳐지면서, 전반적으로 낯설고 혼란스러운 분위기를 전한다. 헬러는 제2차 세계대전보다는 1950년대에 벌어진 한국전쟁을 염두에 두고 이 소설을 썼다고 말했다. 요사리안의 목표는 참혹한 전쟁 속에서 미치지 않고 귀향하는 것이다. 그러려면 할당된 임무를 완수해야 한다.

'캐치-22'는 터무니없는 순환논리에 의해 문제 해결 자체가 불가능해지는 상황을 설명하는 어휘로 널리 사용된다. 예를 들면 프린터용 새 잉크를 주문하려면 양식을 작성해야 하는데, 프린터의 잉크가 부족하기 때문에 양식을 인쇄할 수 없는 상황인 것이다.

이 소설에서는 '캐치-22'라는 표현이 직접 언급되지 않고, 등장인물들을 부조리한 악몽에 가둬두는 당국의 관료주의적 행정의 비논리성을 단적으로 보여주는 증거로서 반복적으로 언급된다. 가장 유명한 것이 정신적으로 부적합한 대원은 전역시킨다는 조항이다. 이러한 문제를 가진 사람은 전역을 신청해야 하지만, 요사리안이 말하듯 조종사들이 현실에서 즉각적인 위험에 직면했을 때 안전을 확보하기 위해 하는 행동은 그가 이성적인 상태라는 것을 나타낸다. 따라서 전역을 신청하는 바로 그 행위는 그가 제정신임을 입증하는 것이므로, 전역 신청은 거부된다. 단도직입적으로 말해 비행하고 싶지 않다면 미치광이라는 판정을 받아야 하는데, 이를 신청하는 것은 제정신이라는 뜻이므로 그 신청자는 미치광이가 아니니 복무를 계속해야 한다는 것이다.

이야기가 전개되면서 등장인물 각각의 경험에서 비롯한 완전한 공포가 드러난다. 요사리안은 자신의 지휘관을 적과 마찬가지로 위협적인 존재로 여기게 된다. 이 소설은 (기지의 비도덕적 기업가 마일로 마인더바인더가 운영하는 '신디케이트'로 대표되는) 무제한적

자본주의의 위험부터 신의 본질에 이르기까지 모든 주제에 대해 다룬다. (요사리안은 자신이 믿지 않는 신을 "엄청난 불멸의 얼간이"라고 묘사한다.)

이 책이 처음 출간되자 많은 비평가들이 이 소설을 낯설어했다. 《뉴요커》지는 "글이라기보다 종이 위에 쏟아낸 외침 같은 인상을 준다"라고 평했고, 《뉴욕 타임스》는 "그냥 훌륭한 소설이 아니다"라면서, "굉장히 독창적이고 매우 희극적이면서도 잔혹할 만큼 섬뜩한… 눈부신 작품"이라는 평을 더했다.

비평가들이 이 소설을 어떻게 평해야 할지 고민하고 있을 때, 젊은이들을 중심으로 이 책을 추앙하는 추종자들이 생겨나기 시작했다. 당시의 반권위주의 분위기에 완벽히 부응했고, 베트남 참전 반대 운동이 속도를 내면서 대중들의 상상력을 사로잡은 것이다. 《캐치-22》는 강렬하게 반전 메시지를 전하며 동시에 인간의 조건에 대해서도 폭넓게 고찰하지만, 독자들에게 웃음을 터뜨리게 하면서 이러한 주제를 전달한다. 형식과 내용 면에서 모두 뛰어난 작품성을 인정받은 이 소설은 주요 문학상을 수상하지는 못했지만, 불과 몇 년 만에 현대의 고전으로 자리 잡았다.

세월이 지나, 《캐치-22》을 능가하는 작품은 나오지 못할 것이라고 지적하는 평론가들이 등장했다. 그는 이런 얘기를 들으면 대꾸해 주고 싶어진다고 말했다. "대체 누가 그래?"

우스운 희극이면서도 잔혹한 비극이기도 한 《캐치-22》는 역사의 순간을 포착해 세계를 향해 거울을 들어 그 어두운 면을 비추었다. 전쟁이 산업화된 세상에서는 상업이 모든 것의 우위에 놓이고, 개인은 자신도 모르는 사이에 부차적인 피해를 입게 된다. 자기파괴로 이어지는 깨지지 않는 순환에 사로잡혀 서서히 미쳐가고 있는 세상. 이것이 다른 전쟁소설과 크게 차별되는 지점이다. 헬러 자신은 전쟁보다는 "관료주의하에서 개인의 관계"를 중점적으로 고찰하고자 했다고 말했다. 우리 모두는 《캐치-22》가 보여준 감정을 본능적으로 이해하지만, 이를 입 밖으로 꺼내 표현한 이는 헬러였다. "내 작품에 등장하는 모든 인물은 다른 모든 사람이 미쳤다고 비난한다. 솔직히 나는 온 사회가 제정신이 아니라고 생각한다. 여기서 의문이 생긴다. 제정신인 사람은 미친 사회에서 무엇을 하는가?"

제목 정하기

이 책의 원래 제목은 '캐치-22'가 아니었다. 헬러가 이 소설의 첫 장을 잡지사에 보내자, 잡지사는 이를 '캐치-18'이라는 제목으로 출판했다. 하지만 그의 에이전트가 비슷한 시기에 출판된 레온 유리스의 《Mila 18》과 혼동될 것을 우려해 제목을 다시 정해달라고 요청했다. '캐치-11'도 물망에 올랐지만 인기 영화 《오션스 일레븐》과 비슷하고, '캐치-17'은 〈제17 포로수용소〉와 비슷해서 후보에서 제외되었다. '캐치-14'는 입에 딱 붙는 숫자가 아니라는 이유로 출판사 차원에서 제외했으며, 결국 최종적으로 반복과 순환감을 주는 '캐치-22'가 선정되었다.

47 침묵의 봄

• 저자 : 레이첼 카슨 • 창작 연대 : 1962년

미국의 해양 생물학자 레이첼 카슨Rachel Carson은 당시 급속히 확산하던 살충제의 사용이 환경에 치명적인 영향을 미친다는 믿음으로《침묵의 봄Silent Spring》을 쓰게 되었다. 화학 산업계가 제품의 독성을 대중에게 제대로 알리지 않았다는 카슨의 주장에 업계는 맹렬히 반박했지만, 그녀의 주장은 수용적인 미국 독자들에게 상당한 설득력을 발휘했다.

이 책은 미국의 살충제 사용 정책에 반전을 가져왔으며, 미국 환경보호청이 설립되는 데도 큰 영향을 미쳤다. 그러나 이보다 중요한 의의는 환경 문제에 거의 관심을 갖지 않던 대중에게 인식을 불러일으켰다는 것이다. 이러한 점에서《침묵의 봄》은 세계 최초의 대표적 환경 문학이자 국제 환경 운동의 확산에 중추적인 역할을 한 작품으로 널리 인정받고 있다.

1907년 펜실베이니아에서 태어난 카슨은 우즈홀 해양 생물 연구소와 볼티모어의 존스 홉킨스 대학교에서 공부했다. 과학자로서의 재능과 글 쓰는 능력을 동시에 갖춘 보기 드문 인물인 그녀는 이러한 능력을 발휘해 전문 해양생물학자로서 수많은 출판물의 글을 쓰고 편집했으며, 마침내 미국 어류 및 야생동물 관리국의 편집장이 되었다. 1951년 발표한 《우리를 둘러싼 바다The Sea Around Us》는 베스트셀러가 되었고, 전미 도서상을 수상했다. 그리고 이 성공 덕분에 그녀는 글쓰기에 전념할 수 있게 되었다.

한편, 그 무렵 미국 농업은 DDT라 불리는 '기적의' 살충제에 대한 의존도가 커지고 있었다. DDT는 제2차 세계대전이 발발하기 직전에 개발되어, 전시 미군이 주둔하던 남태평양의 섬 일대에서 말라리아를 일으키는 곤충을 박멸하는 데 사용되면서 널리 알려졌다. 그리고 곧 민간용으로 개발되어 1945년 시장에 출시되었다.

DDT의 가장 큰 장점은 다른 살충제와 달리 작은 범위의 종을 대상으로 하지 않고 한 번에 많은 종을 제거할 수 있다는 점이었다. 화학 산업계는 이 제품이 농부에게 가져다줄 큰 이점을 강조했으며, 이에 반대하는 목소리는 거의 없었다. 이를 만들어낸 파울 헤르만 뮐러는 1948년 '여러 절지동물에 대한 접촉성 살충제로서 DDT의 높은 효율성을 발견한 공로'를 인정받아 노벨상을 반기도 했다.

하지만 이러한 무차별적 성질이 심각한 영향을 미친다는 사실이 점차 명백해졌다. 1957년 농무부가 불개미를 근절하기 위해 공중에서 DDT를 살포하기 시작하자 몇몇 관계자들은 그 영향을 주시했는데, 카슨도 그중 하나였다. 이것이 그녀가 1958년 조용히 출판 계약을 맺은 《침묵의 봄》이 탄생하게 된 계기였다. 그리고 얼마 지나지 않아 그녀가 수집하고 있는 데이터와 기타 증거들의 양으로 보아 이 책이 다루게 될 범위가 처음 생각했던 것보다 더 클 것이라는 사실이 분명해졌다.

1960년까지 그녀는 수백 건에 달하는 살충제 노출 사례를 조사하고 인간(암 유발 가능성과 유전자 변형)과 환경에 미치는 영향을 연구했다. 그리고 그다음 해 내내 원고를 쓰는 데 바쳤다. 유방암 진단을 받고 투병을 시작했던 상황이라 작업 과정은 녹록지 않았다.

카슨은 생물학적 견지에서 농약 살포를 최대한 자제하고, 화학농약보다 생물학적 접근에 초점을 맞춰야 한다고 촉구했다. 그리고 종을 가리지 않고 죽이는 이 살충제의 영향으로 필수 종들조차 멸종되면서 생태계가 위험에 처해 있다고 경고했다. 곤충부터 시작해 먹이사슬 전체가 유독물질의 피해를 입고 있다는 것이었다. DDT는 한 번 뿌리면 빗물에 희석되더라도 몇 주, 길게는 몇 달간 생태계에서 작용한다. 뿐만 아니라 그녀는 말라리아를 옮기는 모기 같은 일부 해충이 내성을 가지게 될 수도 있다고 보았다.

카슨은 인간이 환경에 가할 수 있는 피해를 강조하기 위해 이 책의 제목을 '자연에 맞선 인간'이라고 지으려 했지만, 새들에 대한 장의 제목을 전체 책의 제목으로 선택했다. 존 키츠의 시 〈무자비한 아름다운 아가씨The beautiful lady without mercy〉의 한 구절, "호숫가의 사초도 시들었고, 새들도 노래하지 않는데"에서 영감을 받은 것이다. 이 책은 출간 전에 《뉴요커》에 연재되어 이미 상당히 대중의 관심을 받고 있었지만 그녀가 수집한 자료까지 더해져 책으로 나왔을 때 폭로될 내용을 두려워한 화학업계는 이 책과 카슨에 대해 강하게 반발하고 나섰다.

그러나 카슨과 출판사, 《뉴요커》를 상대로 제기한 명예훼손 소송은 실패로 돌아갔다. 이에 업계는 살충제의 이점을 홍보하는 캠페인을 대대적으로 펼치면서, 카슨 개인에 대한 비방 등 조잡한 방법으로 그녀의 주장에 대한 신뢰성을 떨어뜨리려 했다. 어느 전직 농무부 장관은 공개적으로 "자식이 없는 노처녀가 어째서 이렇게 유전 문제에 관심이 많은지" 의문을 제기했다. 동시에 아메리칸 시아나미드The American Cyanamid 사도 의견을 밝혔다. "인간이 카슨 양의 가르침을 충실히 따른다면, 우리는 암흑시대로 돌아가 벌레와 질병, 해충이 다시 지구의 주인이 될 것이다."

하지만 대중의 관심은 전에 없이 커졌고, 1963년 봄 CBS가 이 책을 중심으로 한 특집 방송을 편성하면서 더욱 높아졌다. 카슨은 다큐멘터리 제작자에게 말했다. "자연을 대하는 인간의 태도는 오늘날 우리가 자연을 변형하고 파괴할 힘을 갖게 되었다는 점에서 특히 더 중요하다. 인간은 자연의 일부이며, 따라서 자연에 맞선 인간의 전쟁은 필연적으로 자기 자신과의 전쟁일 수밖에 없다."

1964년 4월, 카슨이 암으로 세상을 떠날 때까지 이 책은 100만 부가 넘는 판매고를 올리면서 진정한 변화를 일으켰다. 케네디 대통령은 과학 자문위원회를 구성하여 《침묵의 봄》에서 제기한 주장을 검토하도록 지시했고, 그 결과 농업에서 DDT의 사용이 전국적으로 금지되었다. 또한 카슨은 농무부가 농업계의 이익을 대변하는 동시에 살충제 규제도 책임지고 있으므로, 이해의 충돌이 발생할 수밖에 없다고 강조했다. 이에 따라 1970년 미국 환경보호청이 새로 설립되었다.

그러나 무엇보다 중요한 의의는 《침묵의 봄》으로 인해 환경 논쟁의 조건이 변화하고, 미국을 비롯해 전 세계적으로 대중에 환경 운동이 확산했다는 사실이다. 그녀는 인간의 건강과 동물 전체에 대한 위협을 강조하고, 업계에서 주장하는 안전성에 의심을 품고 경고함으로써 이 담론에 대중의 참여를 끌어냈다. 전 보스턴대학교 공중보건대학 환경보건학과 교수인 H. 패트리샤 하인즈는 이렇게 말했다. "《침묵의 봄》은 세계의 힘의 균형을 변화시켰다. 이후 누구도 오염 물질을 발전의 필수적인 기본 재료로 그렇게 무비판적으로 쉽게 팔 수는 없을 것이다."

저명한 방송인이자 동물학자인 데이비드 아텐보로는 《침묵의 봄》이 다윈의 《종의 기원》을 제외하면 다른 어떤 책보다 더 과학계에 큰 변화를 가져왔다고 평했다.

🖋 친구의 편지

카슨이 이 책을 쓰게 된 계기 중 하나는 1958년 1월, 친구 올가 오언스 허킨스가 《보스턴 헤럴드》에 보낸 편지 때문이었다. 허킨스는 매사추세츠주 덕스버리 내에 있는 자신의 사유지에서 모기를 없애려고 DDT를 뿌린 뒤 새들이 죽었다고 제보했다. 그녀는 조종사가 자신의 땅에 조금 많은 양의 화학 물질을 뿌리고, "그 '무해'하다는 물질을 살포한 뒤 사랑스럽게 지저귀던 새들이 일곱 마리나 죽었다. 다음 날 아침, 우리는 문 바로 옆에서 죽은 새 세 마리의 시체를 주웠다. 우리와 가까이 살며, 우리를 믿고 몇 년 동안 우리 땅의 나무에 둥지를 짓고 지냈던 새들이었다"라고 기록했다. 허킨스가 카슨에게 이 편지 사본을 보낸 것이 무심코 환경 역사의 흐름을 바꾸는 데 도움을 준 셈이니, 그 새들의 죽음도 헛되지만은 않았다.

48

우리는 왜
기다릴 수 없는가

• 저자 : 마틴 루터 킹 주니어 • 창작 연대 : 1964년

《우리는 왜 기다릴 수 없는가Why We Can't Wait》는 마틴 루터 킹Martin Luther King의 비폭력 민권운동과 특히 1963년 앨라배마주 버밍햄에서 일어난 인종 차별 반대 운동 이야기를 담고 있다. 이 책은 저자의 표현을 빌리면 "흑인 혁명"이 시작된 민권운동 역사의 분수령이 되는 순간을 담은 위대한 역사 기록물이자, 아직도 인종을 구분하는 선으로 나뉜 세상에 울리는 경종이기도 하다.

1929년 조지아주 애틀랜타에서 태어난 마틴 루터 킹 주니어는 침례교 목사로, 기독교 신앙과 마하트마 간디 같은 비폭력 저항 운동의 선구자에 대한 존경심을 동력으로 삼아 1950년대 중반 민권운동을 이끈 지도자로서 전국적인 주목을 받았다. 그는 1955

년, 법에 규정된 대로 백인 승객이 좌석 양보를 요구하자, 로자 파크스Rosa Parks가 이를 거부하고 체포되면서 촉발된 몽고메리 버스 보이콧 운동을 주도하며 두각을 나타냈다. 그리고 이후 남부 기독교 지도자 회의SCLC의 의장이 되었다.

1960년대 초, 앨라배마주 버밍햄은 미국의 도시 중에서 가장 인종 차별이 심한 도시 중 하나였다. 킹 목사와 SCLC는 직업에서의 인종 차별 철폐를 목표로 하는 시위에 참여하게 되었다. 이 운동은 공공장소에서의 인종 차별 철폐도 요구했으며, 비폭력 원칙에 따라 행진과 시위 등의 대중 행동으로 이루어졌다.

하지만 버밍햄 당국과 재계 지도자들은 이들의 요구를 무시했고, 긴장은 더욱 고조되어 침례교 교회부터 시청까지 50명씩 무리 지어 시위 행진이 이어졌다. 그리고 그 결과, 수천 명이 체포되었다. 당시 공안국장이던 '황소'라는 별명의 유진 코너는 시위자들을 상대로 물대포와 경찰견 사용을 허가했으며, 많은 어린이와 구경꾼들까지 이 충돌에 휘말렸다.

킹 목사도 이에 연루되어 1963년 4월 버밍햄 감옥에 들어갔다. 일부 지역의 종교 지도자들은 이 시위에 대한 비판을 쏟아냈는데, 수감 중이던 그는 〈버밍햄 감옥에서 보낸 편지〉를 써서 반박했다. 이 글은 곧 널리 배포되어 미국 전역에서는 물론 국제적인 관심을 끌었다. 《우리는 왜 기다릴 수 없는가》는 이 편지에서 시작되어, 그해 봄과 여름 미국 남부에서 일어난 시민권 투쟁의 기록을 담은 작품이다. 그는 아시아와 아프리카가 "정치적 독립을 향해 제트기처럼 빠른 속도로 움직이는" 현실을 지켜보면서, "마차 같은 속도"로 변화하는 미국에 좌절했다.

이 책은 킹 목사가 스탠리 레비슨, 클래런스 존스, 베이어드 러스틴 등 저명한 민권 운동가들과 협력하여 준비한 단체 행동을 알리는 신호탄이었다. 그는 버밍햄 감옥에서 보낸 편지에서 이렇게 썼다. "지금까지 몇 년 동안, 나는 '기다려라!'라는 말을 들어왔습니다. 흑인이라면 귀에 못이 박일 정도로 익숙하게 들어온 말이며, 이는 거의 항상 '안 돼!'라는 의미입니다. 우리는 저명한 법학자가 말했듯 '정의의 실현이 지나치게 오래 지연되는 것은 정의를 부정한다는 것'이라는 사실을 잘 알고 있습니다."

이 책은 역사적 맥락에서 버밍햄 운동을 고찰하면서, '흑인 혁명'이 갑자기 폭발한 것처럼 보이는 이유를 설명한다. 그리고 최근의 사건에 놀란 사람들에게 앞으로 더한 일이 펼쳐질 것이라고 예고한다. 또 이 운동이 "무섭도록 강렬한" 번개처럼 일어나겠지만 그것은 "속삭이는 목소리조차" 낼 수 없던 지난 3세기 동안의 학대와 굴욕, 박탈감에서 비롯된 것이며, '황소' 코너 국장의 손아귀에 있던 버밍햄은 흑인들이 기본 인권을 부정당하고 이에 대해 불만을 드러내면 협박과 폭력을 마주해야 했던 노예 시대의 도시를 떠올리게 한다고 말한다.

또한 공립학교에서 인종 차별을 하는 것은 위헌이라는, 1954년 역사적인 브라운대 교육위원회 판결을 따르는 개혁이 더디게 이루어지고 있음을 지적하면서 기득권층에 대한 불신, 미국 흑인들을 강타한 대공황의 여파가 계속되고 있는 현실이 시위를 촉발하는 원동력이 되었다고 설명한다. 그리고 에이브러햄 링컨이 노예해방을 선언한 지 100년이 지난 상황에서도 여전히 수백만 명의 흑인이 억압받고 있는 현실을 이야기한다.

킹은 "인류가 폭력과 억압이라는 수단에 의존하지 않고 폭력과 억압을 극복하려는 수단"인 비폭력 운동을 지속하겠다고 선언한다. 그는 버밍햄에서 체포되는 것이 그 자체로 정치적 행동이라는 의미가 부여되어, 억압의 도구인 위력을 약화한다는 사실을 인식했다. 공동의 목적으로 단결한 죄수들로 감옥이 가득 차면 그 수가 주는 무게감이 당국에 부담이 될 것이고, 시위대의 요구에 대중의 관심이 쏟아질 수 있기 때문이다.

그는 버밍햄 운동을 미국 대륙군이 압제자에게 심각한 타격을 입혀 미국 독립 전쟁의 분수령이 된 벙커힐 전투에 비유했다. 그러나 앨라배마에서의 운동이 과도한 자신감이나 현실 안주로 이어져서는 안 되며, 그보다는 먼 길을 향해 내딛은 첫발이라고 보아야 한다고 경고했다. 그리고 무엇보다 역사적으로 진 빚에 대해 흑인들에게 보상할 권리장전을 요구했다. 또 그와 더불어 가난한 백인들, 그 밖의 억압받는 단체들과 손을 잡으려 했다. 그는 이러한 연합이 성공하면 각지에 비폭력 운동이 뿌리를 내리고, 나아가 세계 평화가 이루어질 것이라고 기대했다.

이러한 유토피아적 비전은 아직 실현되지 않았지만 버밍햄 운동과《우리는 왜 기다릴 수 없는가》는 변화에 박차를 가했으며, 1964년 여러 형태의 인종 차별을 불법화한 민권법의 제정을 이끌어냈다. 버밍햄시 당국도 인종 분리 정책을 철폐하는 데 동의했다. 하지만 KKK단이 여기에 불만을 품고 킹이 묵은 호텔에 폭탄 테러를 가했고, 그로부터 5년 후 킹 목사는 테네시주 멤피스에서 암살자의 총에 맞아 세상을 떠났다.

《우리는 왜 기다릴 수 없는가》는 20세기 정치·사회에 남긴 거인의 흔적이며, 킹이 시작한 과제는 비록 아직 미완성이지만 희망적이라는 사실을 보여주는 증거다.

2006년, 당시 미국 최초의 유색인종 대통령이 될 유력한 후보였던 버락 오바마는 자신이 그 자리에까지 오를 수 있었던 것은 그의 덕분이라며 한 인물에게 경의를 표했다. "말을 통해 그는 목소리를 내지 않는 사람들에게 목소리를 주었습니다. 행동을 통해 마음이 약한 사람에게 용기를 주었습니다. 비전, 결단력, 그리고 무엇보다 사랑의 회복력에 대한 믿음의 힘으로, 그는 체포되는 굴욕, 감옥에서의 고독, 끊임없는 생명의 위협을 견뎌냈으며, 마침내 한 나라가 스스로 변화하고 건국 이념에 부응해 나아가도록 영감을 주었습니다."

나에게는 꿈이 있습니다

버밍햄 운동이 마무리되고 불과 3개월 후, 킹 목사는 더 넓은 시민의 권리를 요구하며 1963년 8월 28일의 워싱턴 행진을 주도했다. 약 25만 명이 참가한, 미국 역사상 가장 규모가 큰 집회 중 하나였다. 이날 킹은 링컨 기념관 앞에서 "나에게는 꿈이 있습니다"로 시작되는, 훗날 그를 상징하게 될 연설을 했다. 이 연설은 1999년 137명의 대중연설 학자들을 대상으로 실시한 조사에서 20세기 최고의 정치 연설로 뽑혔다.

49 시간의 역사

• 저자 : 스티븐 호킹 • 창작 연대 : 1988년

역사상 가장 많이 팔린 과학서 중 하나인 《시간의 역사A Brief History of Time》는 우주론(우주의 기원과 발달을 연구하는 학문)과 이론물리학에 대한 대중들의 인식을 변화시키고 양자역학과 허수 시간 등 복잡한 이론을 전 세계 독자들에게 소개했다. 훗날 스티븐 호킹Stephen Hawking은 이렇게 감회를 밝혔다. "과학서가 팝스타의 자서전과 경쟁하게 되다니 정말 기쁘다. 어쩌면 인류에게도 희망이 있는 것 같다."

호킹은 1942년 영국 옥스퍼드에서 태어났다. 어릴 적부터 뛰어난 역량을 보이며 옥스퍼드 대학교 유니버시티 컬리지 물리학과에 입학했다. 수석으로 대학교를 졸업한 뒤 케임브리지 대학교

트리니티홀에서 박사 학위를 받았다. 근위축성 축삭경화증(루게릭병)이라는 충격적인 진단을 받은 것이 바로 이 시기였다. 이 병은 서서히 진행되는 조기 운동 신경계 질환으로, 이후 수십 년간 그는 근육이 마비된 채 외부의 기계적 도움 없이는 말도 할 수 없는 상태로 지내게 된다.

하지만 호킹은 병을 핑계로 연구를 도외시하지 않았다. 오히려 언제든 죽을 수 있다는 생각이 동력이 되어 지금껏 드러내지 않았던 열정을 불태우며 가능한 모든 기회를 움켜잡았다. 그는 우주론, 특히 블랙홀에 관한 여러 획기적인 연구에 착수하며 수리물리학자 로저 펜로즈와 밀접하게 교류했다. 그들은 일반 상대성 원리의 틀 안에서 블랙홀에 대해 연구하며, 블랙홀이 방사선을 분출할 것이라고 예측했다. (결국 펜로즈는 노벨 물리학상을 받게 된다. 호킹을 따돌린 몇 안 되는 영예 중 하나다.)

1980년대 중반 무렵, 호킹은 과학계의 빛나는 총아였지만 대중적으로 이름이 알려진 유명인은 아니었다. 이때 그는 일반 상대성 이론과 양자역학을 하나로 결합한 '모든 것의 이론'을 구상 중이었고, 대중 과학서도 쓰려고 준비하기 시작했다. 우주의 기원을 설명하는 책을 쓴다면 지난 수십 년 동안 인류가 알고 있던 집단 지식의 대도약이 이루어지겠지만, 그러려면 누구나 이해할 수 있도록 쉬운 말로 써야 했다. 무리한 요구였다. 그는 복잡한 방정식은 배제하기로 했다. 이 책에 나오는 수식은 단 하나, 아인슈타인이 제시한 역사상 가장 유명한 방정식 E=mc²뿐이다. 이렇게 식을 최소화하게 된 것은 방정식이 하나씩 추가될 때마다 독자 수가 반으로 줄어들 것이라는 조언이 있었기 때문이라고 한다.

호킹은 판권액을 가능한 최대치로 받겠다는 목표를 가지고, 유능하기로 유명한 뉴욕의 에이전트를 채용해 출판사들과 접촉했다. 그리고 1984년, 그는 미국 내 판권만으로 25만 달러를 제시한 대형 출판사 밴텀Bantam과 계약을 체결했다. 이듬해가 되자 호킹의 건강이 악화하여 집필 과정이 매우 힘겨웠지만, 마침내 마무리하여 1988년 출판을 앞두게 되었다. 그런데 그때, 편집자 피터 거자디가 책의 제목을 바꾸자고 제안했다. 그리하여 이 책의 제목은 원래 호킹이 생각했던 '빅뱅부터 블랙홀까지 : 시간의 역사'에서 '시간의 역사 : 빅뱅부터 블랙홀까지'가 되었다. 책의 서문은 20세기 과학계의 또 다른 거인 칼 세이건Carl Sagan이 썼다. 덕분에 이 책은 출간 즉시 큰 반향을 일으키며 인기를 끌었다.

이 책의 핵심에는 우리 우주가 어떻게 존재하게 되었는가 하는 물음에 대해, 결국 과학은 궁극적인 답을 밝혀낼 것이라는 호킹의 확신이 담겨 있다. 널리 알려진 대로 그는 이러한 성과를 '신의 마음'을 알아낸 것에 비유했다.

이 책은 과학서로는 전례 없는 판매고를 올렸다. 40개 이상의 언어로 번역된 것은 물론, 미국 《뉴욕 타임스》 베스트셀러 목록에 147주, 영국 《타임스》 베스트셀러 목록에는 237주 동안 올라 있었다. ("세르보 크로아티아어로 번역된다는 소식을 듣고 이 책이 성공하긴 했구나 싶었다." 호킹은 이렇게 농담했다.) 사람들이 1장 이후는 읽지 않은 베스트셀러라는 농담이 돌기 시작했다. 비평가들은 설명이 친절하지 않고 일부 과학 이론은 이해하기 어렵다고 지적했다. 그렇지만 호킹은 수백만 명의 독자들에게 빅뱅과 허수 시간 같은 개념을 소개하는 데 성공했다. (호킹도 '독자들이 책에서 가장 어려워할' 개념이라고 인정했다.) 모든 사람이 책의 내용을 소화하지는 못했겠지만, 전 세계의 수많은 전도유망한 과학자들에게 영감을 준 것은 분명하다.

휠체어에 탄 채 매우 특이한 음색을 내는 전자 음성 합성기로만 말할 수 있었던 호킹은 지구에서 가장 유명한 과학자가 되었다. 과학자 중에서 그와 비슷한 명성을 누린 사람이라면 아마도 더벅머리 알베르트 아인슈타인뿐일 것이다. 의사가 예상한 여명을 수십 년 뛰어넘어 2018년에 세상을 떠날 때까지 그는 주도적인 연구자이자 공인, 교육자로 활동했다. 호킹이 위대한 과학자의 판테온에 들어갈 자격이 있는지는 논쟁의 대상이다. 그가 뉴턴이나 아인슈타인 같은 방식으로 과학계에 혁명적인 업적을 세운 것은 아니다. 그러나 복잡한 과학을 대중에게 전달했다는 점에서 《시간의 역사》는 위대한 과학 저술과 어깨를 나란히 할 수 있는 작품이며, 문학계의 빅뱅이라 할 수 있다.

2015년, 우주론 학자이자 천체물리학자, 왕실 천문학자, 왕립학회장인 마틴 리스Martin Rees는 호킹에 대해 이렇게 말했다. "그의 이름은 과학 역사에 영원히 남을 것이다. 수백만 명의 사람들이 그의 베스트셀러를 통해 우주를 바라보는 시야를 넓혔다. 그리고 무엇보다, 역경에 맞서 놀라운 의지력과 결단력을 발휘해 뛰어난 성취를 이룬 본보기로서 전 세계의 사람들에게 희망과 용기를 주었다."

《섹스》를 이기다

《시간의 역사》가 과학서로서 20세기 후반 출판계에 일대 센세이션을 일으켰다면, 대중문화계에서 그 상대는 1992년 마돈나가 발표한 논란의 화보집 《섹스》였다. 성인용 콘텐츠를 담은 이 책은 발매 며칠 만에 150만 부가 판매되는 놀라운 기록을 세웠다. 그러나 호킹의 책 판매부수인 2,500만 부에는 훨씬 미치지 못하는 수치였다. 2004년, 마이크로소프트의 전 최고기술책임자 네이선 미어볼드는 《시간의 역사》를 두고 이렇게 말했다. "이 책이 마돈나의 책 《섹스》보다 많이 팔렸다. 그것도 큰 차이로. 누가 그걸 예상이나 했을까?"

50 자유를 향한 머나먼 길

• 저자 : 넬슨 만델라 • 창작 연대 : 1994년

《자유를 향한 머나먼 길Long Walk to Freedom》은 남아프리카 공화국의 아파르트헤이트apartheid(흑인 다수보다 백인 소수가 우월적 지위를 누리는 정책) 체제의 해체를 위해 투쟁한 흑인 진영의 중심인물 넬슨 만델라Nelson Mandela의 회고록이다.

만델라는 정치 투쟁을 벌였다는 죄목으로 27년간의 옥살이 끝에 1990년 석방되었고, 그로부터 4년 후 치러진 아파르트헤이트 이후의 첫 선거에서 대통령으로 선출되며 국제적인 아이콘이자 대통합의 구심점으로 부상했다. 노벨 문학상을 받은 남아프리카공화국의 작가 나딘 고디머Nadine Gordimer는 이렇게 말했다. "그는 우리 시대, 남아공에 사는 우리의 시대, 그리고 당신이 어디에 살든 당신 시대의 중심에 있다."《자유를 향한 머나먼 길》은 만델라의 개인적인 여정이자 그의 조국이 걸어온 파란만장한 정치, 사회적 변화를 기록한 기념비적 작품이다.

　미국 작가이자 편집자인 리처드 스텐걸과 공동 집필한 이 책은 만델라의 평생을 다루고 있다. 그는 케이프주 한 마을의 호사어를 쓰는 템부 족 부족장 집안에서 태어났다. 어린 시절에는 '말썽꾸러기'라는 뜻의 '롤리흘라흘라'라는 애칭으로 불렸고, 이후에는 씨족명인 마디바라고 불렸다.

　만델라는 청소년기에 자신이 다른 흑인들에 비해 좋은 교육을 받는 특권을 누리고 있지만, 유럽 계통의 백인에 비하면 언제나 부차적인 지위라는 점도 날카롭게 인식하고 있었다. 그후 포트 헤어 대학교에 진학했다. 아프리카에서 흑인 학생을 받아준 세 번째 대학교인 이곳에서 그는 올리버 탐보를 비롯한 미래의 동지들을 만났다. 학교를 졸업한 뒤에는 집안의 정략결혼 압박을 피해 요하네스버그로 가서 법조인으로서 경력을 시작했고, 공산주의를 탐구하고 아프리카 민족회의ANC에 가입하여 조직을 육성했다. 이에 힘입어 아프리카 민족회의는 1940년대 후반 공식적으로 도입된 아파르트헤이트 제도에 대항하는 남아공 최대의 정당으로 성장한다.

　처음에는 평화적인 시위와 시민 불복종 운동에 전념했지만, 아파르트헤이트 정권의 폭력이 점점 심해지면서 급기야 흑인들은 통행허가증을 지참해야 한다는 일명 '통행제한법'이 실시되었다. 그리고 이에 반대하며 경찰서 앞에서 시위하는 시위대를 향해 경찰이 총격을 가해 69명이 사망한 샤프빌 학살이 벌어지자 그는 무력 투쟁으로 노선을 바꾸었다. 1963~1964년, 이른바 리보니아 재판에서 사보타주와 모반 혐의로 피고석에 선 만델라는 유죄 판결을 받고 종신형을 선고받았다. 그러나 그는 이 재판에서의 최후 변론으로 국제 사회가 주목하는 인물이 되었다.

> 지금까지 나는 이 아프리카인들의 투쟁에 평생을 바쳐왔습니다. 나는 백인 지배에도 맞서 싸웠고, 흑인 지배에도 맞서 싸웠습니다. 나는 단지 모든 사람이 화합하며 동등한 기회를 누리며 살아가는 민주적이고 자유로운 사회를 꿈꿀 뿐입니다. 이것이 내가 평생을 바쳐 이루고자 한 이상입니다. 그리고 필요하다면 나는 이 이상을 위해 기꺼이 죽을 수도 있습니다.

만델라는 30여 년간 투옥되었으며 그중 대부분을 악명 높은 로벤섬에서 보냈다. 그동안 아파르트헤이트 체제에 대한 국제 사회의 압력이 커지자 이를 이기지 못한 F.W. 클레르크 대통령은 마침내 만델라를 석방했다. 오랜 투쟁과 이로 인한 고난을 겪으면서 만델라가 보여준 관대함은 살아 있는 누구와도 견줄 수 없는 도덕적 권위를 그에게 부여했고, 이를 바탕으로 아파르트헤이트 체제의 해체와 1994년 민주적 선거로 가는 길이 열렸다. 이렇게 치러진 총선에서 대통령으로 선출된 만델라는 단임으로 임기를 마친 뒤 정계를 은퇴했지만, 국내외에서 명망 높은 공인으로서의 영향력은 여전히 유지되었다.

《자유를 향한 머나먼 길》은 그의 명성을 공고히 하고 연민, 공감, 타협에 대한 신념을 구체화하는 데 중요한 역할을 했다. 만델라의 카리스마는 동료 세계 지도자들과 공인들을 매료시켜 모두가 그와 함께 사진 찍기를 바랄 정도였으며, 정치인들 사이의 인기에 영향받지 않는 전 세계의 보통 사람들에게도 고스란히 전해졌다. 그는 자서전에서 "삶의 가장 큰 영광은 한 번도 실패하지 않는 것이 아니라 실패했을 때마다 다시 일어서는 데 있다", "증오를 배울 수 있다면, 사랑하는 법도 배울 수 있다" 등 자신이 평생 가슴에 품고 살아온 신조를 이야기한다. 그의 지혜는 국제적인 명성을 얻기 전부터 보편적인 호소력을 가졌다는 사실이 증명되었다.

이 책은 1500만 부 이상 팔렸으며 할리우드 영화로도 만들어져 성공을 거두었다. 만델라는 자유에는 책임이 따르고, 자신이 가야 할 머나먼 길은 아직 끝나지 않았으므로 머뭇댈 시간이 없다는 말로 책을 끝맺었다. 그리고 20여 년이 지난 2013년 말, 세상을 떠났다.

부족장 집안에서 태어나 테러범으로 투옥된 뒤 준성인으로 칭송받던 그는 현대사에서 가장 극적인 인생역정을 이 책에서 풀어낸다. 이 책은 현대의 《오디세이》나 다름없다. 개인의 삶에서나 정치인으로서 만델라가 남긴 위대한 유산은 그의 장례식에서 버락 오바마가 남겼던 추도사에 고스란히 담겨 있다.

> 만델라는 우리에게 행동의 힘을 가르쳐 주었지만, 생각의 힘도 가르쳐 주었습니다. 이성과 논의의 중요성도 가르쳐 주었습니다. 여러분에게 동의하는 사람은 물론, 동의하지 않는 사람의 의견도 검토해야 할 필요가 있다는 것입니다. 그리고 밤이 되어 어두워질 때, 불의가 우리의 마음을 무겁게 짓누를 때, 최고의 계획이 실현되기 어려워 보일 때면 우리는 마디바와 그가 사방이 벽으로 막힌 감방에 갇혀 있을 때 떠올리며 평온을 찾은 말을 생각합시다. "문이 얼마나 좁은지, 훗날 어떠한 형벌이 내려질지는 중요하지 않다. 나는 내 운명의 주인이오, 내 영혼의 선장이니."

사후에 발표된 속편

만델라는 대통령으로서의 회고록을 쓰려고 했지만, 생전에 결실을 맺지 못했다. 그러나 2017년 남아공의 유명 작가 만들라 란가Mandla Langa가 만델라의 미완성 완고와 여러 기록물, 인터뷰를 토대로 책을 완성했다. 《더 이상 머뭇대지 말라:대통령 시절의 기록Dare Not Linger: The Presidential Years》이라는, 전작의 마지막 문장과 연관되는 제목이었다. 1975년부터 1986년까지 모잠비크 대통령 사모라 마헬의 전 아내이자 만델라의 세 번째 아내였던 유명 인권운동가 그라사 마헬이 이 책의 서문을 썼다.

끝맺으며

책의 시대는 끝났다고들 한다. 인터넷과 스트리밍 서비스가 우리의 관심을 두고 경쟁하고, 30초짜리 동영상과 280자 단문 메시지가 유행하는 순간적인 만족을 추구하는 세상에서 책은 과거의 유물로 치부되곤 했다. 그러나 마크 트웨인의 말을 빌리면, 책의 죽음에 대한 소문은 굉장히 과장된 것이다.

15세기 중반 무렵 구텐베르크가 금속활자 인쇄기를 도입하기 전까지 유럽 내 도서관의 필사본 수는 수만 권에 불과했다. 그러나 오늘날에는 미국에서만 매년 30만여 권의 책이 상업적으로 출판되고 있다. 자비 출판한 책까지 합치면 그 수는 수백만 권으로 늘어난다. 다시 말해, 우리는 책이 넘쳐나는 세상에서 살고 있다.

사실 책은 전에 없던 다른 형태의 미디어와 치열한 경쟁 환경에 놓여 있으며, 출판 부수가 많다고 해서 호황을 누린다고 볼 수도 없다. 그렇지만 책이 문화를 공유하는 데 필수적인 역할을 하고 있는 것은 분명하다. 그리고 세계의 변화에 발맞춰 진화하며 수천 년을 이어온 유서 깊은 형식이라는 사실도 증명되었다.

오늘날에도 어떤 주제를 깊이 탐구할 때 책만큼 신뢰성 있는 매체는 없다. 책을 읽는다는 것은 지적으로나 감정적으로나 시간과 에너지를 쏟는 행위다. 그렇지 않으면 갖출 수 없는 분별력을 얻을 기회이기도 하다. 르네 데카르트는 "독서는 과거의 위대한 인물들과 나누는 대화"라고 했다. 텍스트를 읽는 데 쏟는 노력은 텍스트를 읽어서 얻는 보상 이상의 가치가 있다. 이로써 우리는 일상을 사는 영역과 다른 영역으로 들어갈 기회, 연결될 기회를 얻을 수 있는 것이다.

이 책은 인류 역사상 가장 중요하고 주목할 작품, 즉 인류 문명에 족적을 남긴 작품들로 차린 뷔페다. 독자 여러분이 시대를 관통한 이 짧은 문학 여행을 즐기고, 여러분만의 새로운 여정에 나설 수 있다면 좋겠다.

다시 항해를 시작하려는 여러분에게 19세기 미국의 학자 찰스 W. 엘리엇Charles W. Eliot의 말로 응원을 전한다.

책은 가장 조용하고 가장 변치 않는 친구다. 쉽게 다가갈 수 있는 가장 현명한 상담자이자 가장 인내심 있는 교사다.

참고문헌

Graham Bannock & R. E. Baxter, *The Penguin Dictionary of Economics*, Penguin, 2011.

Zygmunt G. Barański, & Simon Gilson,(eds.), *The Cambridge Companion to Dante's 'Commedia,'* Cambridge University Press, 2018.

Simon Blackburn, *The Oxford Dictionary of Philosophy*, Oxford University Press, 2016.

John Bowker(ed.), *The Oxford Dictionary of World Religions*, Oxford University Press, 1997.

Claire Buck, *Women's Literature A–Z*, Bloomsbury, 1994.

Timothy Clark, *The Cambridge Introduction to Literature and the Environment*, Cambridge University Press, 2011.

Stephanie Dalley(ed.), *Myths from Mesopotamia: Creation, the Flood, Gilgamesh, and Others*, Oxford University Press, 2000.

De Grazia, *Margreta and Wells, Stanley, The New Cambridge Companion to Shakespeare*, Cambridge University Press, 2010.

Dennis Denisoff & Talia Schaffer(eds), *The Routledge Companion to Victorian Literature*, Routledge, 2019.

Theo, D'haen David Damrosch, Djelal Kadir(eds), *The Routledge Companion to World Literature*, Routledge, 2011.

William Egginton, *The Man Who Invented Fiction: How Cervantes Ushered in the Modern World*, Bloomsbury, 2016.

Caryl Emerson, *The Cambridge Introduction to Russian Literature,* Cambridge University Press, 2011.

John Gribbin, *The Scientists: A History of Science Told Through the Lives of Its Greatest Inventors,* Random House, 2004.

Kathryn Gutzwiller, *Guide to Hellenistic Literature*, *John Wiley & Sons,* 2007.

Chih-tsing Hsia, *The Classic Chinese Novel: A Critical Introduction,* Columbia University Press, 1968.

Peter Kemp(ed.), *The Oxford Dictionary of Literary Quotations*, Oxford University Press, 1997.

Kupperman Joel, *Classic Asian Philosophy: A Guide to the Essential Texts*, Oxford University Press, 2006.

Marvin Marcus, *Japanese Literature: From Murasaki to Murakami,* Association for Asian Studies, 2021.

Elaine Treharne, *Medieval Literature: A Very Short Introduction,* Oxford University Press, 2015.

Dennis Walder, *Literature in the Modern World: Critical Essays and Documents,* Oxford University Press, 1991.

David E. Wellbery, et al., *A New History of German Literature,* Harvard University Press, 2005.

알아두면 쓸모 있는, 역사를 움직인 책 이야기
세계사를 바꾼 50권의 책

제1판 1쇄 발행 2023년 4월 5일
제1판 2쇄 발행 2023년 4월 20일

지은이   대니얼 스미스
옮긴이   임지연
펴낸곳   크레타
펴낸이   나영광
책임편집   이홍림
편집   정고은, 김영미
디자인   임경선
영업기획   박미애
등록   제2020-000064호

주소   서울시 서대문구 홍제천로6길 32 2층
전화   02-388-1849
팩스   02-6280-1849
포스트   post.naver.com/creta0521
인스타그램   @creta0521

ISBN 979-11-92742-02-1 03900